HEYNE FILMBIBLIOTHEK

HANS

ALBERS

Seine Filme – sein Leben

von UWE JENS SCHUMANN

Originalausgabe

WILHELM HEYNE VERLAG
MÜNCHEN

Herausgeber: Thomas Jeier
Redaktion: Bernd Eckhardt

Umschlagfoto und Rückseitenfoto: Archiv des Verlags
Innenfotos: Stiftung Deutsche Kinemathek, Berlin;
Deutsches Institut für Filmkunde, Wiesbaden
Umschlaggestaltung: Atelier Heinrichs & Schütz, München
Printed in Germany 1980
Druck und Verarbeitung: Ebner Ulm

ISBN 3-453-86018-7

Inhalt

Einleitung

Ein Winterabend im Jahre 1917. In einem Künstler-Café in der Berliner Friedrichstraße schält sich ein recht auffällig gekleideter »Gentleman« aus seinem etwas zu modischen Paletot. Nach einem freien Platz suchend durchstreift er – Hoppla, jetzt komm ich – das überfüllte Lokal. »Ist hier noch ein Platz frei?« fragt er leicht blasiert den Herrn, der ganz allein an einem der kleinen Thonet-Tische sitzt.

Hätte Hans Albers, der Mann im teuren Flanell, gewußt, daß so seine große Filmkarriere beginnen würde, hätte er sich sogar die Zeit genommen, die Zigarre aus dem Mund zu nehmen. Aber er betrachtete den kleinen, unscheinbaren Mann nur mal kurz aus den Augenwinkeln, um sich dann endgültig in gekonnter Kennt-mich-hier-wer-Pose den neugierigen und bewundernden Blicken der anwesenden Café-Damen hinzugeben.

Daß doch noch ein Gespräch zwischen diesen ungleichen Männern zustande kam, ist weniger Albers' Besinnung zu höflicherer Umgangsform als dem Umstand zu verdanken, daß der Ober den älteren Herrn um ein Billett für den »Kintopp« bat.

So, er hatte also mit dem Film zu tun. Eigentlich war er aber doch ein ganz unscheinbarer Mensch ... Ähnlich mag Hans Albers gedacht haben. Sein Interesse war geweckt. Und systematisch wie unverblümt begann er ein Gespräch mit seinem Gegenüber.

Ja, er sei hier beim Theater, streute Albers ein, während ihn dieser Film-Mensch interessiert musterte.

»Was spielen Sie denn *so*?«

»Ach, eigentlich so alles, was gerade angeboten wird.« Hans Albers war damals schon zu selbstbewußt, um zu dick aufzutragen.

Ob er denn schon mal eine Rolle beim Film gespielt habe.

Nein, dieser Gedanke wäre ihm auch noch gar nicht in den Sinn gekommen. Kintopp – das wäre wohl nicht sein Metier. Er brauche den direkten Kontakt zum Zuschauer, müsse diese – na, Sie wissen schon – unbeschreibliche Theaterluft einatmen. Das Salz des Lebens eben.

Nachdem sich der Mann vom Film doch entschlossen hatte, die auffällige Erscheinung seines Gesprächspartners als äußerst zelluloidwirksam einzustufen, machte er ein direktes Angebot: »Wollen Sie nicht in einem Film von mir spielen?«

Albers, vorerst blanke Entrüstung, lehnte rundheraus ab: »Mein Herr, ich bin Schauspieler. Die Flimmerkiste gibt mir nichts.«

Da griff der Film-Mann, dessen Name leider nicht überliefert ist, zum probaten Mittel: »Ich zahle Ihnen acht Mark am Tag.«

Acht Mark – das war ein Wort. Wie viele Tassen konnte man da in der Friedrichstraße trinken? Soviel Geld gab es damals auf den allesbedeutenden Bühnenbrettern nicht zu verdienen. Also: Prinzipien gegen Penunse – Hans Albers schlug ein. Und weil der Mime auch noch einen eigenen Frack mitbringen konnte, legte sein Entdecker gleich noch eine Mark auf die Tagesgage drauf.

Daß die große Karriere des Hans Albers mit einer Anekdote begann, ist durchaus nichts Ungewöhnliches. Anekdoten gehörten zum Leben des blonden Hans wie, sagen wir mal, Schnee zu Weihnachten. Die kleinen Geschichten und Geschichtchen – sicher, sie ranken sich um jeden, der in der Filmbranche zu Ruhm gekommen ist. Wozu gibt es schließlich Klatschkolumnisten und Biographen. Dabei ist natürlich nie Gewähr geleistet, daß es sich eben so und nicht ganz anders zugetragen hat, daß nicht vielleicht sogar alles völlig aus der flirrenden Studioluft gegriffen ist. Doch eine Ausnahme von der Faustregel gibt es auch hier: Hans Albers. Er hatte es nicht nötig, seine Anekdoten *machen* zu lassen, er lieferte sie selbst. Sein brachiales Temperament, sein Wo-ich-bin-ist-die-Spitze-Gemüt, sein Hang, als eine Art ständiger Käpt'n Bye-Bye auf jeden Vergnügungsdampfer, den ihm das Leben bot, aufzuspringen, produzierten Anekdoten echt Albers'scher Prägung. »Ich habe eigentlich nie verstanden«, gestand er einmal einem Freundeskreis in seinem Bootshaus in Garatshausen,

»warum so viele Leute unseren Beruf als einen der schwersten bezeichnen. Es gibt eine Menge Leute, die uns lieben, dein Kopf lächelt dich von den Plakatwänden an, zu einem bißchen Snobismus reicht das Geld allemal, und auch an Whisky fehlt es dir nicht.« Der Einspruch der Freunde, die eine so globale Rosarot-Malerei des Filmberufs nicht gelten lassen wollten, konnte »Hanne« Albers nicht irritieren: »Na ja, ein bißchen muß man schon dafür tun. Aber viel ist es doch nun wirklich nicht, wenn du den richtigen Kopf hast und dich nicht unterkriegen läßt. Mir liegt dieses sentimentale Geschmuse nicht, von wegen raus aus der Gosse und hoch zu den flimmernden Sternen. Ne, laßt man, ich bin für's handfeste Amüsement . . .«

Eine ziemlich erstaunliche Einsicht für einen Mann, der es erst im besten Mannesalter schaffte, seinen Weg zu machen. Dem in den Anfängen seines Berufslebens die Kritiker bescheinigten, er sei »auf der Bühne lediglich ein eitler Pfau« und verfüge über »die schauspielerische Substanz einer Null«. Der sich, bevor ihn ein Millionenpublikum liebte, mit einem immensen Kraftaufwand an Eigenliebe und Selbstvertrauen von der untersten Charge zum glorifizierten Star hochpäppeln mußte. Es war ein weiter Weg, bis Albers in seinem so typischen St.-Pauli-Timbre singen konnte:

»Jawoll, meine Herrn,
so haben wir es gern,
von heut' an gehört uns die Welt.«

Sein Leben war wirklich ein ziemlich dicker »Otto«, wie er stets zu sagen pflegte (aber dies sei auch einer späteren Anekdote vorbehalten)

Lehr- und Wanderjahre

Daß Hans Albers in irgendeiner Weise künstlerisch vorbelastet war, konnte nicht einmal der eifrigste Presseagent recherchieren. Sein Vater – der »Schöne Wilhelm« genannt – betrieb eine renommierte Schlachterei in der Langen Reihe 71 im Hamburger Stadtteil St. Georg. Seine Mutter hatte genug damit zu tun, sechs Kinder aufzuziehen, von denen Hans als jüngster am 22. September 1891 geboren wurde. Er, das Nesthäkchen, wurde von seinen vier Schwestern verwöhnt, bei denen er sich schon in jungen Jahren als Botengänger für heimliche Liebesbriefe einschmeichelte – und einen Standardlohn von 30 Pfennigen pro Brief beanspruchte.

Nein, mit dem Künstlervolk hatten die Albers' nun wirklich nichts zu schaffen. Soweit man in den Annalen der Familie herumkramen konnte, stieß man auf rechtschaffene Bauern, die sich im nächst Hamburg gelegenen Vierlande angesiedelt hatten. So befaßte sich auch Jung-Hans viel eher mit der Badeanstalt »Alsterlust« oder den diversen Regatta-Clubs, wo er sich beim Bootsreinigen ein paar Groschen verdienen konnte, als mit Thalia-Theater und Schauspielhaus. Er war schon sehr sportlich, der »Hans in allen Gassen«, der beste seiner Riege im Schwimmclub »Alster«, ein verwegener Segler, wenn er einmal zum »Trockenfahren« mit hinaus auf die Alter durfte.

Vater Wilhelm Albers führte ein strenges Regiment. So legte er auch früh fest, wie er die Zukunft seiner beiden Söhne sah: »Der Wilhelm wird den praktischen Teil unserer Schlachterei übernehmen, der Hans soll das Kaufmännische im Auge behalten.« Doch Hans war von Anfang an nicht danach zumute, »I A Albers'sche Knackwürste« an den Mann zu bringen. Später sollte er erzählen:

»Diese ganze Wursterei hat mich nie interessiert. Bademeister oder Segellehrer – ja, das konnte ich mir vorstellen. Ich gab mir auch niemals Mühe, meinen Vater über meine Berufspläne im unklaren zu lassen.« Doch was sich Wilhelm sen. in den Dickkopf gesetzt hatte, daran führte für die Familie kein Weg vorbei. Als dann noch Hans Albers der Rausschmiß aus der Uhlenhorster Oberrealschule drohte, weil er seinen Zeichenlehrer wegen einer offensichtlichen Ungerechtigkeit einfach auf den Hosenboden setzte, erging an Buttje Hans vom Vater wieder mal der Auftrag, doch beim Korbmacher Zanone vorbeizuschauen. Im Klartext bedeutete dies: Hans mußte die Rute, mit der er verbleut werden sollte, höchtpersönlich abholen.

Ein Klassenkamerad war es schließlich, der in seinem Freund Hans doch noch die Leidenschaft für das Theater entfachen konnte. Er schwärmte vehement von den großen Künstlern des Schauspielers Eugen Burg, der so etwas wie ein Star jener Hamburger Theaterkreise war. Die Neugier war bei Hans Albers geweckt; ein Mann, von dem so geschwärmt wurde, der mußte schon ein doller Kerl sein. Für 75 Pfennige kaufte er sich eine Eintrittskarte ins Hamburger Schauspielhaus – Stehplatz selbstverständlich. Das Stück *Alt-Heidelberg* – und besonders Eugen Burg in der Rolle des Karl-Heinz – entflammten Albers lebenslang für das Theater. (Kurios dabei, daß jener Eugen Burg der Vater der späteren Albers-Lebensgefährtin Hansi Burg war). Die Schwestern Albers' konnten damals gar nicht genug Liebesbriefe von ihrem Bruder besorgen lassen, damit der schwärmerische Theaterfan das Eintrittsgeld für die häufigen Theaterbesuche zusammen bekam. Außerdem mußten sie gegenüber Vater Wilhelm seinen »Rückzug« decken, wenn Hans wieder einmal nach der Vorstellung viel zu spät nach Hause kam.

Für den 13jährigen war es längst klar geworden, daß nur die Bühnenbretter seinem künftigen Leben Inhalt geben konnten.

Mutig ergriff Hans bald die Gelegenheit, mit dem Vater über seine künstlerischen Ambitionen zu sprechen. Doch der Herr Schlachtermeister zeigte bares Unverständnis für die Leidenschaft seines Filius. Er hatte bereits die Berufslaufbahn seines Jüngsten fixiert. Und genauso kam es auch: Nach der Schule wurde Hans in die Lehre eines Kaufmannshauses in den Großen Bleichen gesteckt. Die Firma W. Honnke, Im- und Export von Chemikalien, würde seinem Sohn die Flausen schon austreiben.

Doch die Beharrlichkeit von Hans Albers war schon in jenen Jahren nicht zu unterschätzen. Zwar marschierte er jeden Morgen pflichtbewußt ins Kontor, aber in seiner spärlich bemessenen Freizeit lechzte er nach allem, was mit dem Theater zu tun hatte. Hans Albers hegte keinen Zweifel daran, daß er langfristig doch noch Schauspieler werden würde.

Das Schauspielhaus in der Kirchenallee hatte einen neuen Star: Ewald Bach. Er war ein rechter Beau, und Hamburgs Damenwelt schwärmte für ihn wie für keinen anderen. Dieser Ewald Bach ließ sich gnädigerweise herab, jungen Möchtegern-Schauspielern den Feinschliff zu geben. In seiner Wohnung gab er – für horrende zehn Mark die Stunde – Schauspielunterricht. Hans Albers, damals schon mit einem ausgeprägten Hang, nur vom Besten zu wollen, meldete sich eines Tages beim schönen Bach, um ihm vorzusprechen. Der Mortimer aus *Maria Stuart* sollte es sein.

Nun war ausgerechnet der Mortimer jene Rolle, die alle Theater-Hitzköpfe deklamierten, weil man so herrlich falsches Pathos hineinlegen konnte. Doch Albers, mehr unerfahren als gut gerüstet, dachte gar nicht daran, sein Vorsprechen nach dem üblichen Strickmuster ablaufen zu lassen. Er sprach seinen Text so ungekünstelt, daß es Ewald Bach aus seiner snobistischen Lethargie riß: Da war einer, der es wagte, gegen den Strom zu schwimmen. Der so ganz und gar natürlich, aber mit der richtigen Betonung, dem Mortimer Leben einhauchte. »Also gut«, sagte Herr Bach immer noch ein wenig von oben herab, »ich werde Ihnen Unterricht geben.« Der Anfang war gemacht. Jetzt mußte Hänschen nur noch seine Schwestern herumkriegen, ihm die teuren Stunden zu finanzieren. Den Vater konnte er ja schlecht bitten . . .

So führte Hans Albers über ein Jahr lang ein rechtes Doppelleben. Tagsüber im Kontor, abends in der Bach'schen Wohnung das Studium gedrechselter Texte. Er war's zufrieden.

Doch die Lehre in der ungeliebten Chemikalienbranche ging dem Ende entgegen. Und Vater Wilhelm Albers hatte für seinen Sproß schon einen neuen Kontrakt abgeschlossen: Das Seidenhaus Schwarzschild & Ochs in Frankfurt hatte sich einverstanden erklärt, den jungen Mann als Kommis einzustellen. Vorbei die geliebten Stunden im Hause Bach – vorbei, die ständigen Besuche im Schauspielhaus. Aber Hans Albers wäre nicht jener selbstbewußte junge Mann gewesen, wenn er dem neuen »Engagement« am Main nicht auch die besten Seiten abgewonnen hätte: Frankfurt, das bedeutete zuerst einmal Freiheit. Weg aus dem Elternhaus, weg von der ständigen Furcht, der Vater könnte etwas merken von der immer noch wachsenden Leidenschaft seines Jüngsten für die Bühne. Da läßt sich sicher etwas machen, dachte sich Hans.

Er sollte recht behalten: Schon nach ein paar Wochen traf der frischgebackene Seiden-Kommis in einer Sachsenhausener Weinstube einen Mann, der in Frankfurts Theaterwelt tonangebend war: Arthur Hellmer, Prinzipal des »Neuen Theater«. Es war wiederum nichts als der pure Zufall, daß sich Hans Albers zu dem so Erlauchten an den Tisch setzte, aber als er seine Chance sah, griff er zu: »Ich möchte bei Ihnen spielen«, sagte er rundheraus. In einem längeren Gespräch kam allerdings heraus, daß Hans noch nicht genügend Erfahrung besaß, um einen so mutigen Schritt wagen zu können. »Nehmen Sie noch mindestens ein Jahr Unterricht«, riet ihm deshalb Hellmer, »dann können Sie sich ja bei mir mal melden.«

Nach genau einem Jahr stand Albers im besten Sonntagsanzug im Büro des Intendanten – und dieser war fair genug, sich an seine Offerte zu erinnern. Und so durfte Hans Albers zum erstenmal in seinem Leben auf einer Bühne stehen und einen Satz deklamieren. Kleist's *Zerbrochener Krug*. Zweiter Aufzug, erste Szene. Die – wohl eher unbedeutende – Rolle des Bediensteten beim Hohen Herrn Gerichtsrat. Es war die Spielzeit 1911/12.

Genau sechs Monate währte dieses erste Engagement. Während dieser Zeit blieb Hans mit Rücksicht auf den Vater auch noch seiner Stellung im Seidenhaus treu. Aber dann hatte er genug davon, nur Unbedeutendes darzustellen, er wollte richtig Theater »machen«. Also schickte er an zwölf Provinzbühnen ein Foto von sich – im allerbesten Anzug natürlich –, denn um an die richtigen Rollen ranzukommen, mußte er schon an kleine Bühnen ausweichen. Nur wenige Zeit später hatte er ein Angebot als zweiter Liebhaber: Es kam aus Güstrow in Mecklenburg. Albers akzeptierte und schickte einen ehrlichen Brief an seinen Vater: *Ich muß leider Deine Pläne zerstören. Du wirst kein Verständnis dafür haben, aber ich habe mich ganz dem Theater verschrieben. Ich kann Dir aber versprechen, daß ich etwas Großes leisten will, damit man in St. Georg stolz auf mich sein kann.* Vater Wilhelm Albers soll ein paarmal ärgerlich seinen Kaiser-Wilhelm-Bart gezwirbelt und sich dann ins Unvermeidliche gefügt haben.

Die Zuversicht, mit der Albers der Verpflichtung nach Güstrow entgegensah, war verfrüht. Das dortige Theater war eine Schmiere. Neben allen möglichen und unmöglichen Rollen hatte Albers auch noch »Umbauverpflichtungen« nachzukommen – und das hieß nichts anderes, als daß er auch noch als Kulissenschieber tätig sein mußte. Nach einigen undankbaren Auftritten – Albers: »Während der Vorstellung wurden auch Würstchen und Drops verkauft!« – passierte es dann. In der großen Geßler-Szene im *Wilhelm Tell* ließ Albers dem Herrn Direktor, der den wackeren Titelhelden höchstpersönlich mimte, aus Unachtsamkeit einen bleibeschwerten Pappmachébaum auf die Füße fallen – und Wilhelm Tell fluchte so gottsjämmelich, daß der Vorhang fallen mußte. Das »Sie sind entlassen, Sie Trottel«!, war dann nur noch reine Formsache.

Die Niederlage von Güstrow, falls sie tatsächlich als eine solche zu sehen ist, verwand der kernig-selbstbewußte Albers schnell. Für den Jung-Schauspieler begannen nun die Lehr- und Wanderjahre. Das Kurtheater in Bad Schandau, diverse Bühnen in Hamburg, die Saisonbühne auf Helgoland waren nur einige seiner Stationen. Und auch ein längeres Gastspiel auf dem Kriegsschauplatz gehörte zu seinen »Engagements«. Als Soldat einer Maschinengewehrabteilung erwischte ihn ein Oberschenkelschuß, gleichfalls ein Heimatschuß. Albers ging 1917 in die Stadt, die ständiger Rahmen für seine späteren Erfolge werden sollte: Berlin. Damals, in den trostlosen Jahren des Krieges, ein frierendes, hungerndes Berlin ohne große Hoffnung.

Fragte man später Albers, warum er Berlin für seinen neuen Start aufgesucht hatte, antwortete er, der Hamburger, in größter Selbstverständlichkeit mit Berliner Schnauze: »Da bin ick eben noch nich jewesen, kapiert?«

Es sollte eine Frau sein, die Hans Albers an der Spree den künstlerischen Weg ebnete: Claire Dux, die Starsopranistin Berlins. Aus Freundschaft zu ihrem stattlichen Hans ließ sie Verbindungen zum Theater des Westens spielen und erreichte, daß ihr Galan dort vorsprechen durfte. Einen Part aus den »Räubern« hatte sich Albers vorgenommen, das Klassische war sein Fach. So glaubte er wenigstens. Doch nach seinem Vorsprechen war er als Groteskkomiker akzeptiert. Die Herren unten im Parkett hatten sich schier kaputtgelacht. Doch Albers zögerte. Erst als er auf Bitten des Intendanten für einen kranken Komiker einspringen mußte, ergab er sich in sein scheinbares Schicksal, von Hamlet und Romeo Abschied nehmen zu müssen.

Die ersten Auftritte im Theater des Westens wurden nicht gerade eine Sensation, aber Hans Albers erntete freundlichen Beifall. Die Kritiker, die ihn schon während seiner Provinz-Tingeleien nicht mit tosendem Beifall bedacht hatten, entdeckten ihn erst gar nicht auf der Berliner Bühne. Aber Albers war stolz wie Oskar: Er verdiente für die damaligen Verhältnisse kein schlechtes Geld, seine Liaison mit der berühmten Claire Dux öffnete ihm viele Salon-Türen, und einen schicken Mantel aus feinstem Tuch konnte er sich auch leisten – und Letzteres bedeutete ihm, der so gern auffallen wollte, schließlich eine ganze Menge. Er war zufrieden. Es ging ihm einfach »Otto-Otto«. (Diese besondere Bewertung leitete er vom Namen Otto Reutter ab, dem großen Couplet-Texter, den Albers sehr verehrte. »Otto-

Otto« – das hieß bei ihm etwa »ganz besonders gut«. Kein Wunder,daß Albers später selbst von seinen Fans den Beinamen »Otto-Otto« erhielt.)

Nein, Albers konnte sich nicht mehr wünschen.

Aber dann ereignete sich diese denkwürdige Begegnung im Café an der Friedrichstraße, und Hans Albers wurde für den Film entdeckt. Für den stummen Film natürlich, denn der Tonfilm ließ noch lange auf sich warten.

Hätte Albers gewußt, welche Probleme durch die Film-Entdeckung auf ihn zukamen – er hätte es sich vielleicht anders überlegt. Aber so ging er erst einmal in bester Hoppla-jetzt-komm-ich-Manier zu Werke.

Jubelstürme in Berlin

Hans Albers sollte sein gebrochenes Verhältnis zum »Kintopp« noch lange behalten. Kunststück, denn was er da so alles vor dem kurbelnden Kameramann herunterspielen mußte, konnte ihm gar nicht behagen. Stets war er der Bösewicht, ein Happy-End mit irgendeiner der schönen Partnerinnen gab es für ihn nie. Als er eines Tages zu einem Produktionsleiter ging und sich mannhaft beschwerte, wurde sein Vorschlag, doch auch einmal auf der Seite des Guten stehen zu dürfen, gnadenlos abgeschmettert. Der Grund war ganz einfach: die blauen Augen des blonden Hans, sein später so vielgeliebtes »Markenzeichen«, waren in den Kindertagen des Films ein böses Hindernis. Weil das Material noch so schlecht war, erschien sein Strahlemann-Blick auf der Leinwand stets als stechend-schwarze Augenhöhlen – und so einen konnte man ja wohl kaum den umschwärmten Liebhaber spielen lassen. Mutter Albers, die sich stolz in Hamburg eine Kinokarte gekauft hatte, um ihren Sohn zu bewundern, verließ dann auch schon nach ein paar Szenen mit hochrotem Kopf das Kino: »Mein Gott, daß uns der Hans dies antun muß. Man schämt sich ja richtig vor den Nachbarn.«

Aber selbst mit diesem großen Handikap konnte und wollte Hans Albers die Filmerei in Babelsberg nicht mehr aufgeben. Er hatte sich daran gewöhnt, eine gute Gage einzustecken und sich ein »feines Leben« damit zu machen. Das Theater, dem er nebenbei fleißig treublieb, konnte ihm diesen »Luxus« nicht bieten. Also kurbelte er jede Woche so ein bis zwei Filme herunter. (Wie viele Stummfilme er insgesamt gedreht hat, läßt sich heute kaum noch feststellen. Manche schätzen aber, daß es so an die hundert gewesen sein müssen).

Das Spitzentuch der Fürstin Wolkowska war der erste seiner »Brunnenvergifterfilme«, wie er sie später einmal nannte. Eine gewisse Maria Carmi war seine Partnerin – nie hat man wieder

»Lumpaci Vagabundus« (1922); in der Titelrolle.

Das Tor der Freiheit
Soziales Drama in 4 Akten
GAMSA- FILM
Berlin SW 48
Telephon: Amt Lützow 1336
Friedrichstr. 250
Telegr.-Adr.: „GAMSAFILM BERLIN“

Plakat

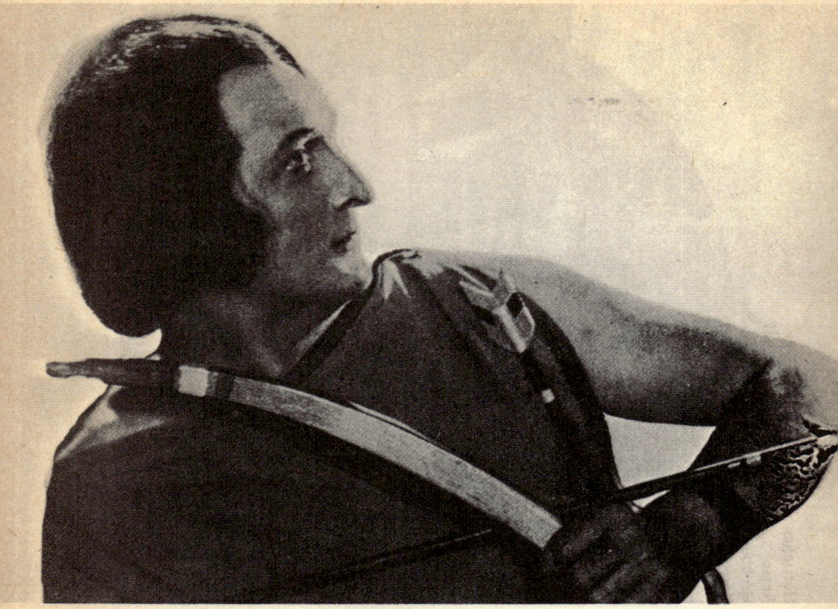

»Ein Sommernachtstraum« (1924/25); als Demetrius.

etwas von ihr gehört. Aber schon in einem seiner nächsten Filme durfte er an der Seite eines Stars mimen. In *Der Mut zur Sünde* gab Olga Desmond ihr Filmdebüt. Sie war durch ihre verführerischen Schleiertänze berühmt geworden, Striptease würde man es heute nennen. Auch in Olga verliebte sich Hans Albers ein wenig, denn er hatte es sich schon fest zum Prinzip gemacht, sich den Schönen der Leinwand mit seinen Avancen zu nähern (was er schließlich auch später beibehalten sollte).

In bunter Reihenfolge drehte er ab 1917 einen Film nach dem anderen – und häufig waren Partner dabei, die wie er später eine große Karriere machen sollten: *Fräulein Raffke* mit Werner Krauß, *Luxusweibchen* mit Lia Eibenschütz, *Das schöne*

Abenteuer mit Georg Alexander, *Halbseide* mit Kurt Gerron und Fritz Kampers, *Madeleine* mit Rosa Valetti, *Menschenopfer* mit Eugen Klöpfer, *Die Gesunkenen* mit Olga Tschechowa und Asta Nielsen, *Asphalt* mit Gustav Fröhlich, *Die versunkene Flotte* mit Heinrich George, *Eine kleine Freundin braucht jeder Mann* mit Charlotte Ander, *Primanerliebe* mit Fritz Kortner, *Saxophon-Susi* mit Anni Ondra, *Der Prinz und die Tänzerin* mit Willy Fritsch, *Prinzessin Olala* mit Marlene Dietrich, *Deutsche Herzen am deutschen Rhein* mit Adele Sandrock, und so weiter und so fort.

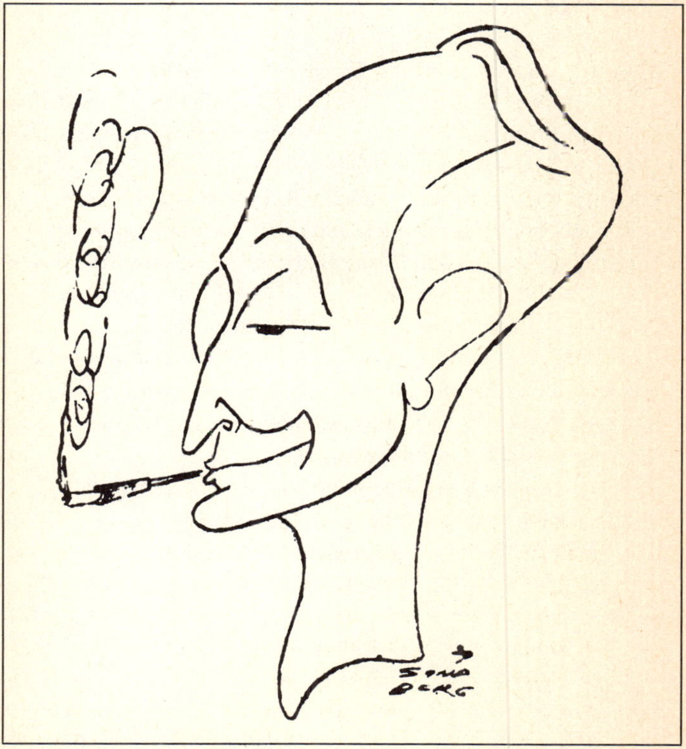

Karikatur aus dem Jahre 1923.

Bald konnte Albers schon eine Tagesgage von vierzig Mark einstreichen, ein Vermögen. Und auf der Straße erkannten ihn wildfremde Menschen, baten ihn um ein Autogramm und bewunderten seine elegante Erscheinung. Es hatte zur Folge, daß Albers' Abneigung gegen die »Flimmerkiste« schließlich schwand.

Genau zehn Jahre lang akzeptierte Albers so ziemlich alles, was man ihm aus Babelsberg anbot. Nein, wählerisch war er bestimmt nicht.

»Ich mag mich nicht festlegen lassen«, lautete jedesmal seine Entschuldigung, wenn ihm wieder einmal jemand vorschlug, wählerischer zu sein. Auch im Theater lautete seine Devise: »Ich spiele alles, was man mir anbietet.« Und er spielte auch überall dort, wo man eine Rolle für ihn hatte: Im Residenztheater, im Kleinen Theater, im Metropol, im Komödienhaus, im Theater am Nollendorfplatz und schließlich auch bei Max Reinhardt im Deutschen Theater. Die *Berliner Zeitung* schrieb 1928: »Albers ist der wohl berühmteste männliche Revuestar unserer Stadt.« Ja, die Revuebühnen der Hauptstadt faszinierten ihn besonders. Hier konnte er sich so richtig ausleben, konnte sein artistisches Talent genauso in die Waagschale werfen wie sein schauspielerisches, durfte nach Herzenslust und mit seinem unverwechselbaren Kickser in der Stimme singen: »Ich will Sie küssen, wenn Sie es verlangen, denn ich bin schüchtern, wie jeder gleich sieht . . .« Dieses Lied, von Rudolf Nelson komponiert, wurde auch seine erste von unzähligen Schallplatten.

Albers stellte sich jeder »Mutprobe«. In der Komischen Oper wurde in einer Rolle von ihm verlangt, von einem Kronleuchter direkt in ein Wasserbassin zu springen. Er machte es. Mehr noch: Nach diesem kühnen Sprung rannte er hinter die Bühne, zog in Windeseile einen Frack an und erschien nur eine Minute später in großer Aufmachung wieder auf der Bühne. Das Publikum tobte vor Begeisterung. Nur die Kritiker konnten sich mit ihm noch nicht so recht anfreunden. Einer schrieb: »Wie können sich die Zuschauer so sehr in einen Mann verlieben, der sich ausschließlich mit seiner Eigenliebe beschäftigt?«

Nach diesem Roman entstand der gleichnamige Film.

Jakob Karol's
Circus Farini
Der Tiger des Circus Farini
Circus-Großfilm der
Jakob Karol-Film G. m. b. H., Berlin SW. Friedrichstraße 12

Plakat

Filmprogramm

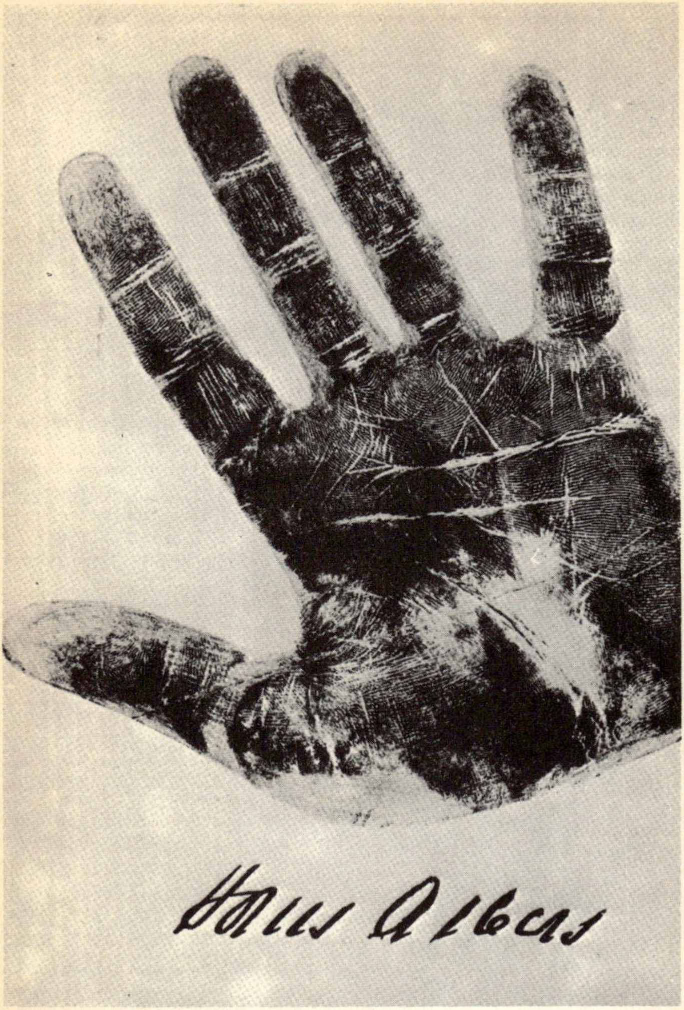

Aus »Film-Magazin« Nr. 17 vom April 1929.

Auch eine Konfrontation mit der genauso berühmten wie eigenwilligen Fritzi Massary konnte Albers nicht schrecken. »Ein bißchen Applaus wird auch für mich schon abfallen«, meinte Hanne, wie ihn die Berliner liebevoll nannten, in ungebrochener Zuversicht – und er sollte recht behalten. Seine Auftritte wurden stets von tosendem Beifall unterbrochen: er hatte sich endgültig durchgesetzt. Wo er auch auftauchte – in Berlins gemütlichen Bierkneipen, beim Sechstagerennen in der Loge, in den vornehmen Hotels – überall strömte ihm eine Welle der Sympathie entgegen. Nur bei den gestrengen Kritikastern der Berliner Presse, einem nicht zu unterschätzendem Faktor, wurde er noch eher als »Luftikus« denn als ernstzunehmender Schauspieler geführt.

Das sollte sich erst im Oktober 1928 ändern. Dann aber mit einem Paukenschlag. An Max Reinhardts Deutschem Theater, Hochburg in der so theaterfreudigen Stadt Berlin, probte Regisseur Heinz Hilpert das Stück *Verbrecher* eines gewissen Ferdinand Bruckner (hinter dem sich kein anderer als der Theaterdirektor Theodor Tagger verbarg, wie man später herausbekam). Da der berühmte Oskar Homolka Krach mit Hilpert bekam, kam es zwei Wochen vor der Premiere zum großen Eklat, weil die Rolle des Kellners Tunichtgut noch unbesetzt war. Wer konnte also den großen Homolka ersetzen? Viele Namen wurden ins Spiel gebracht – alle Überlegungen dann schließlich doch wieder verworfen. Es war dann ein Kritiker, der Hans Albers für diese so wichtige Rolle vorschlug. Ausgerechnet dieser »Federfuchser« (wie Hans Albers seine »liebsten Feinde« so gern nannte) hatte unlängst während eines Sechstagerennens vom blonden Hans eine geklebt bekommen, weil er sich von dem Mann gestört gefühlt hatte. Zuerst schwor der Kritiker, daß er Hans Albers bei nächster Gelegenheit eins auswischen würde. Aber dann sah er ihn im Theater, spendete ihm großen Beifall als Albers so wagemutig vom Kronleuchter sprang – und setzte sich schließlich auch für ihn bei Hilpert ein.

Hilpert ließ Albers vorspielen und war begeistert. Auch Max Reinhardt hatte nach anfänglichen Vorbehalten nichts mehr gegen

Albers einzuwenden. Und so wurde ihm die Rolle offeriert. Doch Albers zögerte noch. Gerade hatte ihm der Zirkus Sarrasani ein unglaubliches Angebot gemacht: 500 Mark sollte er pro Abend bekommen, wenn er das Publikum mit seinen Kunststückchen an den Manegenrand lockte. 500 Mark – soviel war bisher noch keinem geboten worden. Aber, zum Teufel mit Sarrasani, wenn das Deutsche Theater rief. Eine große Rolle neben so erlauchten Schauspielern wie Gustaf Gründgens, Lucie Höflich, Leonard Steckel und Mathias Wieman in einem Musentempel wie dem Deutschen Theater – Hans Albers, risikofreudig wie immer, unterschrieb den Vertrag.

Er hatte es nicht zu bereuen. Sein Part als geckenhafter Kellner Tunichtgut, der die Frauen ausnimmt, wie er nur will, schlug ein wie eine Bombe. »Hier ist ein Vollblutschauspieler zu sehen«, staunte der so gefürchtete Starkritiker Herbert Ihering. Und ein anderer ergänzte überschwenglich: »Gustaf Gründgens und Hans Albers – das ist das neue Spitzenpaar des Berliner Theaters.« Auch Heinz Hilpert konnte sich gar nicht fassen vor Bewunderung: »Es war eine Sternstunde des Theaters. Albers kann jetzt jede Rolle haben, die er nur will. Ein Theaterdirektor, der sich nicht bemüht, den Mann zu holen, ist sein Geld nicht wert.«

Und Albers selbst? Trotz aller Freude über den Riesenerfolg zeigte er vordergründig tiefste Bescheidenheit: »Ich bin doch nur ein Mann von der Sommerbühne. Eigentlich habe ich doch im Deutschen Theater nichts zu suchen. Da hat mir nur der Zufall geholfen – und Oskar Homolka, als er die Rolle zurückgab.«

Doch es zeigte sich schnell, daß Albers – wenn auch mit glasklarer Berechnung – tiefgestapelt hatte. Die Angebote flatterten ihm nur so ins Haus. Hans Albers sortierte sie nun mit Bedacht und entschloß sich dann, bei Erwin Piscator, der schon so viele Erfolge auf die Bühne gebracht hatte, für das Stück *Rivalen* zu unterschreiben. Seine Partner: Maria Bard, die erste Frau von Werner Krauß, und Fritz Kortner. Das Kriegsstück – zwei amerikanische Soldaten lernen während des Ersten Weltkriegs ein französisches

DIE FILMWOCHE

SCHRIFTLEITUNG: PAUL

ERLIN, 26. JUNI 1929

Herausgeber: Filmschriften-Verlagsgesellschaft m. b. H.
Berlin SW 11, Dessauer Straße 38 · Telephon: Nollendorf 7520/27

7. JAHRG. / HEFT

Hans Albers

Georgia Lind

Im Film: „Ja, ja, die Frau'n sind meine schwache Seite"

»Ja, ja, die Frau'n sind meine schwache Seite« (1929), mit Georgia Lind.

Mädchen kennen, verlieben sich, weswegen ihre Freundschaft auseinandergeht – erregte aus zweierlei Gründen großes Aufsehen. Zum einen, weil Hans Albers mit seinem Alabama-Song (»Oh Susanna, das Leben ist doch schön . . .«) die meisten Vorhänge bekam, die man im Berliner Theater bis dato für einen Schauspieler hatte ziehen müssen, zum anderen, weil die offensichtliche Feindschaft zwischen Kortner und Albers immer wieder für neuen Theaterklatsch sorgte. Kortner hielt keineswegs hinter dem Berg, was er von seinem Partner Albers hielt – gar nichts nämlich. Und Albers rächte sich für öffentliche Schmähungen mit seinen »kleinen Spielchen« (wie er es nannte), mit denen er während der Vorstellung Kortner zur Raserei brachte. Eines dieser Spielchen: Albers zog seine Auftritte so sehr in die Länge, daß er Kortner kaum eine Chance ließ, den richtigen Einsatz zu erwischen. Als Kortner eines Abends deswegen Textunsicherheiten zeigte, gab es den großen Krach – den Albers schließlich mit einer saftigen Ohrfeige in Kortners verblüfftes Gesicht beendete.

Nach den großen Berliner Erfolgen bemühten sich auch andere deutschsprachige Bühnen um Albers. Das erste Engagement, das ihn von der Spree weglocken konnte, brachte ihn nach Wien. *Der Kaiser von Amerika* hieß die Max-Reinhardt-Inszenierung – Paula Wessely, Hans Moser und Gustav Waldau waren seine Partner. Auch an der Donau wurde Albers schnell zum Star, seine scheinbar leichte Art, die Rollen zu spielen, begeisterten das fachkundige Publikum. Achtundvierzig Vorstellungen im Theater in der Josefstadt waren der Beweis.

Doch seine ganz große Rolle, die Paraderolle seines Lebens, sollte noch kommen: der *Liliom* von Franz Molnár. Begonnen hatte es damit, daß der berühmte Max Pallenberg wegen anderer Verpflichtungen seinen Auftritt an der Berliner Volksbühne am Bülowplatz absagen mußte. Karl Heinz Martin, der Regisseur, dachte sofort an Hans Albers und engagierte ihn. Doch mitten während der Proben erhob Franz Molnár seinen geltenden Einspruch. Er wollte keinen blonden Liliom und erst recht keinen, der dem Regisseur auch noch vorschlug, daraus ein Berliner

Volksstück zu machen. Nein, er, der Ungar, konnte sein Einverständnis nicht geben. Hätte Lili Darvas, Molnárs Frau, nicht vermittelt, weil sie Albers als Schauspieler schätzte, so wäre Albers an der Rolle seines Lebens wegen Protest gescheitert. Aber so durfte er als Rummelplatzausrufer singen:

»Komm auf die Schaukel, Luise,
das ist ein großes Plaisier,
du fühlst dich wie im Paradiese
und zahlst nur einen Groschen dafür.
Komm auf die Schaukel, Luise,
ich schaukle her dich und hin,
und zeig dir hernach auf der Wiese,
Luise, wie gut ich dir bin.«

Wie er, der Hamburger, das mit Berliner Schnauze und Herz machte, begeisterte das Publikum. Tosender Applaus während der Szenen, nicht endenwollende Wiederholungen seiner Gesänge – Berlin hatte seine Theatersensation. Bedurfte es überhaupt noch eines weiteren Erfolges, jetzt war Hans Albers endgültig einer der Stars der Berliner Bühnen. Am Künstlereingang drängten sich die Leute, um ihn zu sehen, in den Berliner Lokalen wurde er gefeiert, beim Sechstagerennen, bei dem Albers Stammgast war, riefen Hunderte im Chor: »Hanne, Hanne…« oder »Otto-Otto«. Und Hanne-Otto-Otto-Hans Albers, der Schlachterssohn von der Langen Reihe in Hamburg, ließ sich feiern. Die Berliner »Meechens« nahm er rechts und links in den Arm, spendierte Lokalrunden wie kein zweiter und lebte sein Leben voll aus. Wäre er damals nicht schon mit der mehr als großzügigen Hansi Burg liiert gewesen… Seine Ausschweifungen hätte wohl kaum eine andere Frau ertragen können.

Nach der Premiere von *Liliom* verlangte ein Besucher Eintritt in Albers' Garderobe, mit dem der blonde Hans sicherlich nicht gerechnet hatte: Franz Molnár. Dieser bescheidene Mann ging auf den noch kostümierten Albers zu, drückte ihm lange die Hand und sagte schlicht: »Ich muß Sie um Verzeihung bitten, Herr

Albers. So wie Sie mein Stück gespielt haben, ist mir erst richtig bewußt geworden, was ich mit ihm ausdrücken wollte.« Die beiden Männer blieben Freunde über viele Jahre hinweg.

Hans Albers hatte alles erreicht, was ein Künstler in jenen Berliner Tagen nur erreichen konnte – so dachte er. Aber er wußte damals nicht, daß er noch ein gutes Stück vor sich haben sollte, bis er seinen Zenit erklimmen würde. Denn der Tonfilm steckte noch in den Kinderschuhen.

Erste große Erfolge beim Tonfilm

Wie hatte Friedrich Luft, der Berliner Theater-Kritiker einmal geschrieben? »Kerle wie er sind ein Gottesgeschenk.« Nun, damit hatte er Hans Albers gemeint. Und ein solches Geschenk wollte sich der Tonfilm natürlich nicht entgehen lassen.

Die Berliner rannten in jenen Tagen scharenweise ins Kino, um sich auf der Leinwand einen amerikanischen Film anzusehen, in dem ein Neger seine traurigen Songs sang – und das »verehrte Publikum« tatsächlich alles hören konnte. Dieses »neumodische Zeugs« hatte auf Anhieb eingeschlagen, die Leute strömten ins Kino.

Auch in Deutschland sollten Filme nach dem neuen Verfahren gedreht werden. Wo? Selbstverständlich in Berlin. In Babelsberg entstanden richtige Ateliers, dann später eine richtige Filmstadt.

Der erste deutsche Tonfilm hieß *Die Nacht gehört uns*. Carl Froelich, der bekannte Regisseur, war so voller Vertrauen in den neuen Film, daß er die Produktion mitfinanzierte und damit erhebliche Kosten von 130 000 Mark selbst übernahm. Auch die Regie wollte er selbst führen. Die Handlung, eher ein klappriges Text-Gerüst, ist schnell erzählt: Eine bekannte Rennfahrerin lernt nach einem Unfall einen Mann kennen, der in einer Jagdhütte lebt. Sie nimmt diesen einfachen Mann mit in ihre große Welt, aber dieser fühlt sich dort kreuzunglücklich. Er sehnt sich zurück zu seinen Wäldern und Auen – und geht eines Tages wieder in seine Jagdhütte, um dort für immer zu bleiben. Happy-End: die Frau folgt dem Geliebten nach. Daß dieser Film inhaltlich so simpel gestrickt war, bekümmerte niemanden. Man wußte nur zu gut, daß einzig und allein das neue Tonverfahren darüber entscheiden würde, ob das Publikum *Die Nacht gehört uns* akzeptieren würde.

Wen sollte sich Carl Froelich als Hauptdarsteller nehmen? Er gab ein Heidengeld für Probeaufnahmen aus. Aber viele der anerkannten Schauspieler, die bei ihm vorsprachen, fielen durch. Ihre Stimmen hielten dem komplizierten Tonsystem nicht stand, »kamen nicht rüber«, wie man damals sagte. Schauspieler, die in Zeiten des Stummfilms Götter der Zuschauer waren, sahen jäh das Ende ihrer Leinwand-Karriere kommen. Manche nahmen sich aus Kummer darüber das Leben, andere mußten in einen anderen Beruf wechseln.

Carl Froelich hatte sich auf Marlene Dietrich und Hans Albers eingeschworen, »ein Traumpaar«, wie er meinte. Doch der Traum platzte, bevor es zur Realisierung des Films kam. Die Probeaufnahmen für Marlene Dietrich waren der beteiligten Filmfirma Tobis zu teuer, sie wurde von der Liste gestrichen und schließlich bekam Charlotte Ander die Rolle der schmucken Rennfahrerin. Auch bei Hans Albers machte die Tobis Schwierigkeiten. Sie hielt den blonden Hans nicht für den kernigen Naturburschen, der in einer Jagdhütte sein zurückgezogenes Leben führt. (Und wenn man den eleganten Albers Ende der zwanziger Jahre kannte, so war dies auch wirklich nur schwer vorstellbar). Aber Froelich setzte seinen Kopf durch, und Albers wurde der erste männliche Hauptdarsteller in einem rein deutschen Tonfilm. (Vorher war schon eine deutsch-englische Produktion mit dem Titel *Atlantic* gedreht worden.

Die ersten Drehtage konnten dem forschen, so selbstbewußten Hans Albers die Hemmungen vor diesem merkwürdigen Mikrofon, das da über seinem blonden Schädel baumelte, nicht nehmen. Froelich mußte ihn immer wieder auffordern, ganz natürlich zu sprechen – und sich von diesem ungewohnten Ding nicht irritieren zu lassen. Doch Albers antwortete: »Wenn wir im Theater so ein Ding hätten, würde ich keine Bühne mehr betreten.« Erst langsam gewöhnte er sich – genau wie alle anderen Schauspieler – an diese neue technische Dimension. »Es hat über ein Jahr gedauert, bis ich mich so richtig an diese Neuheit gewöhnte«, erzählte er später seinem Freund Paul Samson-Körner, »da darfste nich deklamieren wie beim Theater und nich ganz so natürlich quatschen wie im richtgen Leben. Sowat mußte immer mit gebremstem Schaum machen, und dat ist ganz schön happig . . .«

Die Premiere von *Die Nacht gehört uns* fand im Capitol-Kino am Berliner Zoo statt. Hans Albers, der sich neben Regisseur Froelich in der Ehrenloge plaziert hatte, konnte sich gar nicht beruhigen, als er die ersten Meter Filmstreifen über die Leinwand flimmern sah und dabei seinen Originalton hörte. Es war typisch für sein Selbstbewußtsein, daß er immer wieder ausrief: »Mann, ich bin ja ein richtig guter Schauspieler – und meine Stimme hört sich doch prima an, nicht wahr. Das ist wirklich ein dicker Otto«. So dachte auch das Premierenpublikum und feierte den ersten rein deutschen Tonfilm mit wahren Ovationen. Hans Albers, der »Liebling der Götter« (wie eine Berliner Zeitung schrieb), hatte auch auf Anhieb im Tonfilm Fuß gefaßt.

Und auch ein Wandel war mit ihm passiert: Albers war weg von diesen »Brunnenvergifterrollen« – er durfte den »kühnen Herzensbrecher«, den »Charmeur aller Klassen« spielen. »Da werden die Meechens aber Ojen machen«, witzelte er selbst.

Seine halb scherzhaften Anspielungen auf die »Meechens« – und sicherlich auch seine zahllosen Flirts – konnte einen Menschen nicht verwirren, den so etwas doch am ehesten tangieren sollte: Hansi Burg. Wurde sie darauf angesprochen, reagierte sie gelassen: »Mein Haus weiß, daß Klappern zum Handwerk gehört. Aber ich kenne ihn besser als alle anderen. Zu Hause ist er ein ganz anderer Mensch als im Rampenlicht. Wer ihn nur als eine Art Hallodri sieht, der kennt ihn nicht richtig. Er liebt eher die Gemütlichkeit. Und das andere, na ja, so ein bißchen Fassade braucht er eben.« (Dieses sagte sie ihrer Freundin Charlotte Ander, die auch Partnerin von Albers in *Die Nacht gehört uns* war).

Hansi Burg wurde, obwohl sie ihren Hans nie geheiratet hatte, zum bestimmenden Faktor im Leben des Schauspielers. »Mein Nord- und Süd- und ruhender -Pol«, wie ihr Lebensgefährte oft erklärte. Als sie sich das erstemal trafen – in Rudolf Nelsons Kleinkunstbühne am Kudamm, wo sie zusammen in einem

Sketch auftraten – zeigte Albers kaum Interesse an der »Kleenen«. Für ihn war sie nur die Tochter des von ihm so verehrten Schauspielers Eugen Burg. Mehr nicht.

Erst ein paar Monate später, als sie sich in einem Berliner Künstler-Café wiedertrafen, funkte es. Hans Albers erzählte Carl Froelich: »Weißt du, plötzlich habe ich sie mit ganz anderen Augen gesehen. Sie hatte sich mächtig gemausert, war so distanziert und schien gar kein Interesse an mir zu haben.« Für einen Mann wie Hans Albers durchaus eine ungewöhnliche Erfahrung. Mag es sein sportlicher Ehrgeiz gewesen sein, es »der Kleenen schon zu zeigen«, oder waren es schon echte Gefühle – jedenfalls rief Hans »seine« Hansi immer häufiger an, verabredete sich mit ihr, ging stundenlang mit ihr im Tiergarten spazieren und – welch eine Auszeichnung –, nahm sie sogar zum geliebten Sechstagerennen mit. Dort verkündete er seinen Freunden: »Ich schmeiß euch jetzt eine große Lage, denn hier ist das Mädchen, mit dem ich leben werde. Also, Jungs, benehmt euch wie Kavaliere, det ist eene Dame.«

Hansi Burg kannte natürlich den Ruf ihres blonden Verehrers als Frauenheld und »wandelndes Cognac-Faß« (so einst der Schauspieler Gustl Waldau) – aber: »Wenn man richtig in ihn hineinsah, konnte man entdecken, daß er eigentlich ein Romantiker war.« Die beiden nahmen sich eine Fünf-Zimmer-Wohnung am Berlinger Tiergarten, und zum Erstaunen seiner zahllosen Freunde wurde »Hanne« häuslicher. Hansi Burg erzählte nach dem Tod ihres Hans: »Ich habe ihm damals klipp und klar zu verstehen gegeben: Laß die Finger vom Kartenspiel und trink ein paar Cognac weniger, dann werden wir gut miteinander auskommen. Und er hat das auch – zumindest streckenweise – befolgt.«

Hansi Burg steckte schon bald ihre Ambitionen als Schauspielerin hinter dem besitzergreifenden Zusammenleben mit Hans Albers zurück – sie fand eine neue Beschäftigung, der sie sich mit ihrer ganzen Klugheit und ihrem Charme hingab: Sie wurde Albers' Managerin. Keine Filmgage, die sie nicht aushandelte

(Josef von Sternberg später: »Diese Frau könnte eine ganze Schauspieler-Clique reich machen!«), kein Kontrakt, den sie nicht peinlich genau auf das Kleingedruckte überprüfte. Ihr Vater Eugen Burg war häufig Gast in der Albers'schen Wohnung – und wie Hansi bemerkte, »nicht gerade der schlechteste Ratgeber für Hans«. So gab denn auch Burg Hans Albers die Maxime mit auf den Weg, die lebenslang seinem beruflichen Werdegang zugrunde lag: »Zeige eine kleine Ermüdungserscheinung, lasse einen Ausrutscher auf der Bühne passieren – und das Publikum wird es sofort merken. Du mußt immer in Hochform sein, wenn du oben bleiben willst.« Und daran hielt sich Hans Albers stets.

Zurück zur Filmpremiere von *Die Nacht gehört uns,* die am 23. Dezember 1929 stattfand. Zwar hatten zwei andere Tonfilme der Froelich-Produktion terminlich den Rang abgelaufen *(Dich hab' ich geliebt* und *Melodie des Herzens* hatten kurz zuvor Premiere gefeiert), aber Kritiker bescheinigten dem Albers-Film, daß er der »erste richtige Tonfilm deutscher Machart« war. In der *Berliner Zeitung* stand zu lesen: »Hier gelang es zum erstenmal, daß der Ton nicht als zusätzliches Element mit eingebaut wurde. Alles war eine Einheit, Bild und Ton wurden von Carl Froelich so gut aufeinander abgestimmt, daß dieser Film immer das Vorbild aller deutschen Tonfilme bleiben wird.«

Alle Schauspieler bekamen Riesenapplaus: Otto Wallburg (als Vater Bang), Ida Wüst und Lucie Englisch (als »Damen der Gesellschaft«), Walter Janssen (als Herr Marten) und Julius Falkenstein (als Rechtsanwalt). Doch am Frenetischsten wurden Charlotte Ander (als wagemutige Rennfahrerin Battina Bang) und Hans Albers (als Hüttenbesitzer Harry Bredow) vor den Vorhang gejubelt. Bei einer kleinen Nachfeier im exklusiven Hotel Adlon sagte Carl Froelich zu seinem Hauptdarsteller: »Hans, wenn du so weiter machst, wird man dir noch mal ein Denkmal setzen.« Und der schlagfertige Albers erwiderte: »Nee, nee, ich habe keine Lust, von einem Sockel zu fallen.«

Nein, ein Denkmal hat man ihm nicht gesetzt. Aber in den nächsten Jahren spielte Hans Albers jährlich in drei bis vier

Filmen Hauptrollen – und das sagt alles über die Wertschätzung aus, die ihm die Filmleute entgegenbrachten. Die Produzenten wußten: Ein Film, in dem groß Albers auf dem Plakat stand, ließ die Kinokassen klingeln.

Als der Film *Die Nacht gehört uns* mit beachtlichem Erfolg in den Kinos lief – und Regisseur Froelich seinen mutigen finanziellen Einsatz doppelt und dreifach entlohnt bekam, stand Hans Albers im Berliner Theater wieder auf der Revuebühne: *Zwei Krawatten* hieß das inhaltlich etwas dünne Stück, dem Albers aber mit seinem Charme zum Erfolg verhalf. Seine Partnerin war eine junge Dame namens Marlene Dietrich, mit der er schon 1928 in dem Stummfilm *Prinzessin Olala* gespielt hatte. Ihre Rolle war nicht gerade berauschend, aber ihre faszinierende Ausstrahlung verfehlte die Wirkung beim Publikum – hauptsächlich beim männlichen – nicht. Eines Abends kam Josef von Sternberg, der große Regisseur, ins Theater. Er plante gerade seinen Film *Der blaue Engel,* den er nach Heinrich Manns *Professor Unrat* drehen wollte. Die Rolle des Professors war bereits besetzt: Emil Jannings würde ihn spielen. Für weitere Rollen hatte er Hans Albers und Rosa Valetti vorgesehen – und diese beiden wollte er an diesem Abend in dem Stück *Zwei Krawatten* noch einmal unter die Lupe nehmen. Seine »kesse Lola«, Dreh- und Angelpunkt des Films, hatte er allerdings noch nicht gefunden. Mal war Trude Hesterberg im Gespräch, dann wieder eine nicht geringe Anzahl anderer Schauspielerinnen – doch seine Idealbesetzung war noch nicht dabei.

Als von Sternberg im Berliner Theater Marlene Dietrich sah, stand für ihn fest: »Die wird meine Lola spielen.« Später schrieb er in seinem Buch *Ich, Josef von Sternberg:* »Ich sah die Dietrich zum erstenmal. Sie hatte nur wenig auf der Bühne zu tun. Aber sie hatte das Gesicht, das ich gesucht hatte, und hier war auch die entsprechende Figur. Mehr noch, hier war etwas, das ich nicht gesucht hatte, und dieses Etwas sagte mir, daß meine Suche beendet sei.«

Sein Kampf um Marlene Dietrich dauerte allerdings noch

länger, denn die Ufa war mit seiner Wahl nicht einverstanden. »Wir brauchen eine Schauspielerin, die bereits einen großen Namen hat«, wurde ihm immer wieder gesagt, aber Sternberg zeigte sich bockig. Schließlich rückten die Produktionstermine so dicht heran, daß man Sternberg nachgeben mußte.

Hans Albers spielte im *Blauen Engel* den zwielichtigen Artisten Mazeppa, der sich nicht ohne Erfolg heranmacht. Die Untreue seiner Frau läßt Professor Rath (Emil Jannings) verzweifeln, wenn sie singt:

»Ich bin von Kopf bis Fuß auf Liebe eingestellt,
denn das ist meine Welt
und sonst gar nichts . . .«

Josef von Sternberg hatte ein großartiges Team aufgeboten: Neben Marlene Dietrich, Emil Jannings und Hans Albers spielten Rosa Valetti, Kurt Gerron, Eduard von Winterstein, Rolant Varno, Carl Ballhaus, Ilse Fürstenberg, Reinhold Bernt und Rolf Müller. Carl Zuckmayer, der große Schriftsteller, hatte Heinrich Manns Roman für den Film präpariert, Günther Rittau und Hans Schneeberger führten die Kamera, und Friedrich Hollaender schrieb die Musik, die dann um die Welt ging (»Ich bin die kesse Lola«).

Im April 1930 war Premiere im Berliner Gloria-Palast, Riesenbeifall für alle Beteiligten. Aber diesmal heimste Hans Albers nicht den größten Applaus ein, eine Neuentdeckung hatte ihn überflügelt: Marlene Dietrich. Zwar ahnte damals noch niemand, daß sie auf dem Weg zum Weltstar war, aber das fachkundige Berliner Publikum hatte ein sensibles Gespür dafür, daß es etwas Besonderes erlebt hatte. Die Herren im Parkett umschwirrten die »Neue« tatsächlich wie »Motten das Licht« und lagen Marlene zu Füßen. Hans Albers zeigte genausowenig wie Emil Jannings Eifersucht und zollte seiner jungen Kollegin Anerkennung. Doch später erklärte er Freunden: »Dieser Film hat mir gezeigt, daß ich nicht mehr die dritte Geige spielen darf.« Und das hat er dann auch nie wieder getan.

Schon am Tag nach der Premiere packten Marlene Dietrich und ihr Regisseur Josef von Sternberg ihre Koffer und reisten nach Hollywood ab. Es war wohl mehr einem Gefühlsausbruch zu verdanken als der Eingebung, »jenseits des großen Teiches« große Karriere machen zu können. Auch Hans Albers hatte von Sternberg ein Angebot, nach Amerika zu kommen. Doch er lehnte ab. Hier in Berlin liebte man ihn, hier war er König. Warum sollte er in den Vereinigten Staaten wieder als einer unter Tausenden von vorn anfangen? Das entsprach nicht seiner Mentalität. Er paßte, so, wie er war, genau ins Berliner Milieu oder ins Hamburger – also: Schuster bleib bei deinem Leisten. Sprachschwierigkeiten waren es im übrigen nicht, die ihn von der großen Reise abhielten. Später sollte er bei Co-Produktionen mit England und Frankreich häufig unter Beweis stellen, daß er auch in einer fremden Sprache bestehen konnte.

Schon sein nächster Film – *Der Greifer* – war eine solche Co-Produktion mit England. Richard Eichberg, der Regisseur, produzierte ihn in Gemeinschaft mit der British International Pictures. *Der Greifer* ist die Geschichte eines Scotland-Yard-Detektivs, der von allen Ganoven wegen seiner Klugheit und Härte gefürchtet wird. Die muntere Rahmenhandlung zeigt Hans Albers in seinem Element: Wie er, der Sergeant Harry Cross, den Ganoven auf die Schliche kommt, wie er sich als großer Beschützer der kleinen Mädchen erweist, wie er in den Verhören die Zigarre von einem Mundwinkel zum anderen wandern läßt – das hatte Hans-Albers-Klasse. Charlotte Susa, Karl Ludwig Diehl, Senta Söneland, Margot Walter, Erich Schönfelder und Milo de Sabo hießen Albers' Partner. Und da war noch ein Schauspieler, über dessen Mitwirkung sich »Hanne« besonders freute: Eugen Burg, der Vater von seiner Hansi Burg. »Wir haben lange Nächte zusammengesessen und über unsere Rollen diskutiert«, erzählte Hans Albers, »und ich habe mit ganzem Respekt zugehört, was mir dieser erfahrene Mann zu sagen hatte. Nimmt man mal meine Schauspiellehrer aus, so habe ich von Burg sicherlich die meisten Berufstricks gelernt.«

»Der Greifer« (1930), mit Margot Walter.

Der Greifer hatte im September 1930 Premiere und wurde nicht nur in Deutschland ein Erfolg. Auch die Engländer schlossen diesen Hoppla-jetzt-komm-ich ins Herz, was die Albers-Fanpost bald zeigte. Achtundzwanzig Jahre später sollte wieder ein Film mit dem Titel *Der Greifer* Premiere haben, selbstverständlich mit Hans Albers in der Hauptrolle. Regisseur Eugen York hatte dieses Remake allerdings gänzlich nach Hamburg verlegt, und der so kühne Scotland-Yard-Detektiv wurde von Drehbuchautor

Curt J. Braun zum pensionsreifen Hamburger Kriminalkommissar umgemünzt. Doch von diesem Remake mit großen Schönheitsfehlern später mehr.

Der Greifer wurde zum Dauerhit an den Kinokassen. Vierundzwanzig Wochen blieb das Kriminalspiel in Berlins Kinos Kassenschlager. Da konnte Albers mit seinem nächsten Film ruhig eine kleine Schlappe verkraften. *Hans in allen Gassen* hieß der Streifen, und eigentlich waren alle Weichen auf Qualität gestellt: Wieder führte Carl Froelich Regie, mit Camilla Horn, Max Adalbert und Gustav Diessl hatte er zugkräftige Partner Hans Albers zur Seite gestellt. Doch der Stoff für diesen Krimi, der nach dem Roman *Smarra* von Dr. Ludwig Wolff entstand, lag den Albers-Fans nicht: Albers spielte einen Reporter, der mit seiner Keßheit an jede Story herankommt. Wie er das macht, wie er Berliner Herz mit Schnauze einbringt und typische Hanne-Sprüche klopft – das ist sicher sehenswert. Der Fehler dieses Films lag woanders: Das Buch schob der Frauenrolle (Camilla Horn) alle Aktivitäten zu. Reporter Albers mußte – laut Drehbuch – oftmals den kürzeren ziehen und sah – stellenweise – ziemlich dumm aus. Nein, das konnte das Publikum nicht verkraften. Ihr »Otto-Otto« nicht als strahlender Sieger – kein Bedarf. Und so verlor Carl Froelich mit *Hans in allen Gassen* (der Titel versprach mehr, als der Film hielt) einiges von dem Geld, das er aus *Die Nacht gehört uns* herausgeholt hatte. Und Albers, der So-schnell-haut-mich-nichts-um, schwor, sich in den nächsten Filmen keinesfalls in seiner typischen Macher-Rolle beschneiden zu lassen. »Wenn die Leute mich als Held sehen wollen, dann werde ich eben einen solchen Kerl liefern. Das fällt mir doch nicht schwer«, war seine Redensart.

Lange mußte Albers nicht um seinen Mißerfolg trauern. Zwei Monate später, im Februar 1931, kam ein Film mit ihm in der Hauptrolle in den Kintopp, der vom Publikum wieder als echter »Albers« akzeptiert wurde: *Drei Tage Liebe.* Und Albers machte sein Versprechen wahr: Er packte die Dinge wieder kräftig an – und das nicht nur, weil seine Rolle die eines Möbelpackers war.

»Der Greifer« (1930); in der Titelrolle.

Heinz Hilpert hatte Albers engagiert, jener Hilpert, der mit ihm in dem Schauspiel *Verbrechen* einen so bombastischen Theatererfolg erzielt hatte. »Schau dich doch ein bißchen im Milieu um«, riet Hilpert seinem Star – das brauchte er nicht zweimal zu sagen. Albers ging eine Woche lang einem Trupp von Transportarbeitern nicht von der Pelle, diskutierte mit ihnen, packte auch mal kräftig mit zu und schmiß eine Runde nach der anderen. Dann war er für die Rolle fit: Ein Dienstmädchen (Käthe Dorsch) verliebt sich in den Möbelpacker Franz. Weil sie sich für ihn besonders schön machen möchte, stiehlt sie ihrer Gnädigsten eine Brillantbrosche. Die ganze Sache fliegt auf, das Mädchen nimmt sich das Leben. So die Kurzfassung der Novelle von Joe Lederer. Nicht gerade umwerfend, möchte man meinen. Aber wie Hanne diesen vierschrötigen, gutmütigen Mann mit Herz und Schnauze am rechten Fleck spielt, das ließ Berliner Kritiker in regelrechte Jubelstürme ausbrechen: »Albers ist einfach grandios. Auch die banalsten Szenen bekommen durch ihn plötzlich eine Wirkung, als habe man das größte Kammerspiel vor sich. Er kann zurücknehmen, wenn es notwendig ist, kann die leisen Töne ganz eindringlich ins Publikum bringen. Und wenn er seine Register ziehen darf, dann poltert er los, daß kein Auge trocken bleibt. Albers – der ist bei uns so was wie ein Volksheld geworden.« Und ein Kritiker-Nachsatz: »Es wird soviel darüber gesprochen, daß Albers wieder nach Hamburg gehen möchte. Niemand könnte die Lücke schließen, die er hinterlassen würde.« Starke Worte, doch Albers, der Selbstbewußte, nimmt sie gelassen hin: »Wenn ich das nächstemal auf die Neese falle, dann hebt mir von den Herren keiner auf.«

Drei Tage Liebe ist Heinz Hilperts Lieblingsfilm: »Wir haben uns nicht auf die übliche Masche verlassen, ein einfaches Textgerüst zu schaffen, damit sich die Leute an leichter Unterhaltung delektieren können. Wir sind von den Tonfilmen, die bisher gedreht wurden, ein ganzes Stück abgerückt, fast könnte man sagen, daß es sich hier um einen für damalige Verhältnisse avantgardistischen Film handelte. Neben der einfachen Story ist es unserem Team gelungen, Sozialkritik mit einzubeziehen und Verhältnisse aufzuzeigen, wie es der Film bis dahin noch nicht gewagt hatte.« Dazu holte sich Hilpert eine Crew, die »mitzog«, wie er es ausdrückte: Neben Käthe Dorsch und Hans Albers spielten Trude Berliner, Oskar Groß, Lotte Stein, Rudolf Platte, Fritz Odemar, Paul Samson-Körner und Ruth Jacobsen. Die Kamera führte Otto Kanturek.

Nach der Premiere von *Drei Tage Liebe* sollte Hans Albers noch eine besondere Überraschung erleben: Er bekam die erste Auszeichnung seines künstlerischen Lebens. Die Berliner Vereinigung der Möbelpacker erklärte ihn zum Ehrenmitglied auf Lebenszeit. Und darauf war »Otto-Otto« unheimlich stolz: »Die Jungs haben gemerkt, daß ich sie verstanden habe. Mehr kann man als Schauspieler wohl nicht erreichen.«

Es gab in jenen Berliner Filmtagen eine ganze Reihe von Traumpaaren des Films – wie beispielsweise Lilian Harvey und Willy Fritsch, um nur eines zu nennen. Der nächste Albers-Film war die Geburtsstunde eines neuen Traum-Paares (und was macht es schon, daß sie aus zwei männlichen Schauspielern bestand): Hans Albers und Heinz Rühmann. Der große Kräftige und der kleine Schmächtige – so sind sie nur unzureichend beschrieben. Da prallten der Gewitzte und der Witzige aufeinander, der Pfiffige und der, der auf alles und alle pfeift. Auch wenn sie nur in drei Filmen zusammenspielen konnten – Rühmann und Hans Albers, das blieb eine Wunschpaarung des deutschen Kinopublikums.

Bomben auf Monte Carlo – so hieß ihr erster gemeinsamer Film. Ein beschwingter Streifen, der im Genre des Unterhaltungskintopps Filmgeschichte machen sollte. Nicht zuletzt wegen der Lieder, die Werner R. Heymann (Musik) und Robert Gilbert (Texte) maßschneiderten. Schlager, die bald in aller Munde waren – und teilweise heute noch sind:

Das ist die Liebe der Matrosen,
auf die Dauer, lieber Schatz,
ist mein Herz kein Ankerplatz!

Es blühn an allen Küsten Rosen,
und für jede gibt es tausendfach Ersatz.
Man kann so süß im Hafen schlafen,
doch heißt es bald: Auf Wiedersehn.
Das ist die Liebe der Matrosen
von dem kleinsten und gemeinsten Mann
bis rauf zum Kapitän.

»Bomben auf Monte Carlo« (1931), mit Anna Stein.

Oder: Eine Nacht in Monte Carlo
möcht' ich lernen unter Sternen,
wie schön es ist, wenn man eine küßt,
die man nie vergißt.

Hanns Schwarz setzte diesen Film in Szene, der berühmte Erich Pommer produzierte ihn im Verleih der UFA. Hans Müller und Franz Schulz hatten sich ein Skript ausgedacht, das keine Publikumswünsche an Seefahrtsromantik, Situationskomik, Draufgängertum und Liebesgeplänkel offenließ:

Käpt'n Craddock (Hans Albers), der ausgefuchste Abenteurer,

»Bomben auf Monte Carlo« (1931), mit Karl Ettlinger und Heinz Rühmann (von links).

führt den Kreuzer *Persimon* durch alle Weltmeere. Das Schiff steht unter der Flagge des Königreiches Pontenero. An Craddocks Seite: Wachoffizier Leutnant Peter Schmidt (Heinz Rühmann), ein gewitzter Bursche. Da bekommt Craddock den Befehl, die Königin Yola auf seiner *Persimon* zwecks Vergnügungsreise durchs Mittelmeer zu schippern. Sein Kreuzer ist doch kein Luxusdampfer, denkt sich der Kapitän und befiehlt: »Alles klar zum Auslaufen!« Das Ziel hat ihm sein Freund Peter vorgeschlagen: Monte Carlo. Dort angekommen, gehen die beiden Seeleute schnurstracks zum Konsulat, wo sie schon von Königin Yola (Anna Sten) erwartet werden. Yola verliebt sich aber auf den

»Bomben auf Monte Carlo« (1931), mit Heinz Rühmann.

Nummer 1635
Illustrierter
Film-Kurier
HANS
ALBERS
IN:
auf Monte

ersten Blick in den Kapitän und gibt sich nicht als seine Landesherrin zu erkennen. Sie will ihn mit den Waffen einer Frau schlagen – und nicht mit denen einer Königin. Zuerst gibt sie Craddock 100000 Franc, denn die Besatzung der *Persimon* hat lange schon keine Heuer mehr gesehen. Der Käpt'n geht ins Spielcasino von Monte Carlo, gewinnt fast immer, bis ihn Yola überredet, doch alles Geld auf eine Zahl zu setzen. Das Geld ist weg! Craddock ist pleite. Aber so schnell gibt nun mal ein Kapitän von seinem Gemüt nicht auf. »Entweder die 100000 Franc sind morgen früh in meinen Händen, oder die *Persimon* beschießt Ihr Casino!« läßt er dem Casino-Direktor bestellen. Und tatsächlich richten sich die Kanonen des Kreuzers am nächsten Morgen auf Monte Carlo. Da erscheint Yola – als Königin. Sie läßt Craddock verhaften und versucht, ihn zur Vernunft zu bringen. Doch der flieht und »entert« ein vorüberfahrendes Schiff, um anderen Abenteuern entgegenzuziehen. Aber so leicht entkommt man einer Königin nicht: Yola folgt mit ihrem Kreuzer dem geliebten Flüchtling . . .

Sicher, nicht gerade eine umwerfend intelligente Geschichte – und auch für ein »modernes Märchen« zu sehr auf Kitsch getrimmt. Aber so waren die Albers-Filme jener Tage nun mal: Story Nebensache – Hauptsache, der Held kann sich bewähren. Und das Publikum gab den Filmemachern recht – es liebte diese unkomplizierten Heldenstückchen abgöttisch. Da staunten selbst die Kritiker: »Es ist immer wieder verwunderlich, wie Hans Albers über die bösen Klippen dieser seichten Stöffchen hinweg kommt und unbeschadet, eher umjubelt in den Armen seines Publikums landet.« Jawoll, Her Kapitän.

Bomben auf Monte Carlo wurde in der Filmsaison 1931/32 der große Kassenschlager. Jeder Bäckerjunge, jedes Dienstmädchen pfiff auf der Straße: »Das ist die Liebe der Matrosen . . .« Wo auch immer sich Albers sehen ließ, alle jubelten: »Otto-Otto, sing uns doch eins . . .« Und wenn ein Schifferklavier in der Nähe

Filmprogramm

Karikatur aus den dreißiger Jahren.

war, ließ Albers sich nicht zweimal bitten. Er war in seinem Element: Die Leute liebten ihn, und er genoß die Bewunderung mit der ihm angeborenen Eitelkeit. Dreißig Jahre später sollte noch einmal *Bomben auf Monte Carlo* gedreht werden, mit Eddie

Constantine und Marion Michael in den Hauptrollen. Es wurde ein Reinfall, weil dem französischen Star die Leichtigkeit und der natürliche Humor eines Hans Albers fehlten.

Der nächste Albers Film sollte nicht nur vom Titel her wieder genau das Richtige für Hans Albers sein: *Der Draufgänger*. Richard Eichberg holte sich neben Albers, der den Hamburger Hafenpolizisten Martin Timm mimte, Martha Eggerth, Leonard Steckel, Gerda Maurus, Sigurd Lohde und wieder Eugen Burg. Ein Berliner Kritiker beschrieb Hans Albers' Ausstrahlung in diesem »Wasser-Western« (so Albers) folgendermaßen: »Dieser berlinische Musketier aus Hamburg ist noch immer die gesuchteste Verkörperung des Zeitgeschmacks – ein kompakter Kerl, strotzend vor Optimismus und Wurschtigkeit, massivzärtlich, griffest, unsentimental und gerade nur mit der richtigen Dosis Blubber-Blubber unter der Weste. Eben ein Albers-Solo. Eichberg machte aus ihm schon einen Über-Albers, erregend anzusehen und lustig zuzuhören, zu Lande und zu Wasser.« Daß sich dieser Film in die gewohnten Erfolge der Albers-Streifen einreihte, war weniger dem Drehbuch, das nach einer Novelle von Franz Höllering entstand, zu verdanken als Albers' bekanntem Sinn für Improvisationen. Seine gesamten Auftritte zeigen unverkennbare Spuren eines echten Otto-Otto-Humors. Aber was dies anbetraf, so war und blieb *Der Draufgänger* keine Ausnahme.

In erster Linie hatte es folgenden Grund: Albers kam selten textsicher ins Studio oder zum Drehort. »Kinder, ich hab' nun mal ein schlechtes Gedächtnis«, entschuldigte er sich immer wieder. Und jeder wußte: Aha, der Albers war mal wieder zu faul zum Textpauken. Deswegen standen immer schon genügend »Neger« bereit, Tafeln, auf denen für den großen Star die Texte aufgeschrieben wurden, damit er sie ablesen konnte, während gedreht wurde. Daß man dieses Handikap im Film nie merkte, ist dem Umstand zu danken, daß sowohl Albers als auch seine Regisseure geradezu eine teuflische Perfektion erreichten, »Neger«-Lesen und ganz natürliche Kopfbewegungen in eine höchst künstlerische Symbiose zu bringen.

Als eines späteren Tages während der Dreharbeiten zu *Der weiße Dämon* der Regisseur und Schauspieler Kurt Gerron, mit dem Albers schon in *Bomben auf Monte Carlo* zusammengespielt hatte, sich weigerte, Albers vom »Neger« profitieren zu lassen, weil er künstlerische Einbußen befürchtete, blieb der so Getadelte gelassen: »Laß man gut sein, Kurtchen, bis du es dir anders überlegt hast, geh' ich in die Kneipe. Aber warte nicht zu lange, du weißt, soviel vertrag ich nun wieder auch nicht.« Es dauerte keine Stunde, da war der Albers-Text fein säuberlich auf eine schnell organisierte Tafel geschrieben.

Seine Textunsicherheiten führten aber auch nicht selten dazu, daß sich Albers schlichtweg seinen Privattext zusammenbraute, während die Kamera schon lange kostbares Material herunterspulte. Kein Regisseur ließ deswegen die Aufnahmen unterbrechen. Alle warteten artig die Albers'schen Improvisationen ab und gaben meistens zu, daß das, was er da gesagt hatte, besser paßte, als der Originaltext. »Seht doch, Kinder, es geht ja«, griente Albers und: »Heute habe ich aber meinen Text besonders gut drauf.« Niemand hätte ihm deswegen Arroganz vorgeworfen – seine Flachsereien waren bei jedermann beliebt.

Auch sein nächster Film war Albers schon vom Titel her auf seinen kraftstrotzenden Leib geschrieben: *Der Sieger*. Hans Hinrich und Paul Martin teilten sich die Regie, Erich Pommer produzierte, die UFA verlieh ihn, die Musik schrieb Werner R. Heymann und die Texte Robert Gilbert (wieder das Erfolgsteam von *Bomben auf Monte Carlo)*, neben Albers spielten Käthe von Nagy, die große Entdeckung jener Tage, Hans Brausewetter, Ida Wüst, Adele Sandrock, Eugen Burg – und die so beliebten Comedian Harmonists traten auch auf. Alle Zeichen standen also auf Erfolg.

Die Story der musikalischen Komödie, die Leonhard Frank und Robert Liebmann geschrieben hatten entwickelt sich so: Durch Zufall ist der Telegrafist Hans Kühnert (Hans Albers) an 900 Mark gekommen. Er kündigt seine Stellung und geht zur Rennbahn, um sein Geld noch zu vermehren. Doch er verspielt alles – sieht aber ein Mädchen, in das er sich sofort verliebt: Helene Ponta (Käthe von Nagy), Tochter eines New Yorker Bankiers (Julius Falkenstein). Kühnert will die reiche Schöne zum Essen einladen, hat aber kein Geld. Er fragt seine Mutter (Frieda Richard), die im Hotel Atlantik arbeitet, aber sie will ihm nichts geben. Vielmehr besorgt sie ihm die Stellung eines Eintänzers in der Hotelbar. So sieht ihn eines Abends Helene Ponta – und verachtet ihn. Hans Kühnert nimmt eine Stellung als zweiter Telefonist im Hotel an. Aber die Bankierstochter kann ihn nicht vergessen und bittet ihn, mit ihm in den Süden zu fahren. Hans versäumt, ein wichtiges Telegramm für den Bankier Ponta abzuschicken – und folgt seiner Geliebten. Kurz danach stellt sich heraus, daß durch das Nicht-Absenden des Telegramms die Millionen des Herrn Bankier Ponta gerettet wurden. Diesem Umstand verdankt es Hans Kühnert, daß es zum Schluß nun doch noch heißt: Happy-End.

Ein Inhalt wie gehabt: Hans Albers, der Unerschrockene, der alle Schwierigkeiten meistert, auf den die Frauen fliegen – und der nach allen Fährnissen des Lebens doch der strahlende Sieger bleibt.

Wieder waren es die Lieder von Werner R. Heymann, die dem Publikum hauptsächlich in Erinnerung blieben

Eines wurde von Käthe von Nagy gesungen:

Es führt kein anderer Weg zur Seligkeit
als über deinen Mund!
Drum mach mir bitte nicht den Weg so weit,
und komm' und küß mich gesund!
Ich träum von deinem Mund schon eine Ewigkeit
doch heute erst weiß ich den Grund!
Es führt kein anderer Weg zur Seligkeit
als über deinen Mund!

Aber noch mehr Furore machte ein Lied, das für Hans Albers so typisch ist – und das wie kein anderes zu seinem Charakter paßt:

Hoppla, jetzt komm ich,
alle Türen auf, alle Fenster auf,
hoppla, jetzt komm ich,
und wer mit mir geht, der kommt eins rauf.

Ja, das war der Hans Albers, wie er von allen verehrt wurde. Sollte mal ein anderer einen so vor Selbstbewußtsein strotzenden Titel singen – die Berliner würden mit ihrem Mutterwitz behaupten: »Der hat doch nicht alle Tassen im Schrank.« Nein, so eines frechen Textes durfte sich nur einer bedienen: »ihr« Hanne. Sie spürten es: was er da verkaufte, das war echt. So war er nun mal – und beileibe nicht nur vor der Kamera. Sie hatten ihn oft genug beobachten können – seine Freigebigkeit, seinen Charme, dem keiner entging, seinen Hang zum feudalen Leben. Sie wußten: der ließ nichts »anbrennen«, der trank den Schampus literweise, auch wenn er vor die Kamera mußte. Ein Lebenskünstler also. Sollte er doch singen »Hoppla, jetzt komm ich . . .« – es paßte zu ihm wie 'n Monokel und 'ne steife Melone oder wie seine Witze, die er so gern durch das Mikrofon im Sportpalast abließ, wenn sich das Sechstage-Karussell drehte. »Nee, uff'n Otto-Otto lassen mer nischt kommen...« Mochte er doch wirklich'n Toupet tragen, wie die Leute immer behaupteten (und womit sie keineswegs unrecht hatten), mochte er auch noch so gern die kleinen Ballettratten feudal ins Adlon einladen – das war 'n ganzer Kerl, so einer von uns. Der geborene Sieger, in der Tat.

Verließ Hans Albers vor der Kamera einmal dieses Image, so gingen die Leute enttäuscht aus dem Kino. Sein nächster Film, *Quick,* war so ein Beispiel.

Es war einer der letzten Filme von Robert Siodmak, bevor er 1933 nach Amerika ging. Nach dem Bühnenstück von Felix Gandéra wurde die Liebesgeschichte eines Clowns verfilmt: Eva Prätorius (Lilian Harvey), eine junge, hübsche Frau, befindet sich zur Zeit in einem Kurheim. In der gleichen Stadt tritt zur selben Zeit im Varieté der weltbekannte Clown »Quick« (Hans Albers) auf. Sein artistisches Können, seine Eleganz, sein Humor faszinieren Eva – und jeden Abend geht sie in die Vorstellung. Der umjubelte König der Clowns bemerkt schließlich den »blonden Traum« und verliebt sich in ihn. Auch Eva ist neugierig, wie der Clown im Privatleben aussehen mag, denn ihre Gefühle für »Quick« sind so stark, wie sie es bisher noch bei keinem anderen Mann erlebt hat. Eines Tages geht sie zur Garderobe von »Quick« – und trifft vor der Tür den längst abgeschminkten Clown. Sie fragt den blonden Mann, wie sie denn zu »Quick« kommen könne. Quick will sich noch nicht zu erkennen geben und sagt ihr, daß der Clown bereits nach Hause gegangen sei. An ihrer Enttäuschung merkt er, wie sehr sie sich in seine Maske verliebt hat, und wie wenig ihr an ihm als Privatmann liegt. Also läßt er durch seinen Manager Lademann (Paul Hörbiger) der jungen Dame bestellen, »Quick« möchte sie gerne zum Essen einladen. Es kommt zum Rendezvous, der Clown erscheint in voller Montur. Eva gesteht ihm, daß sie ihn gern mag. Doch »Quick« ist es leid, daß seine Angebetete nur seine Maske mag, mit ihm in Zivil aber offensichtlich nichts anzufangen weiß. Er geht sie wiederholt privat im Kurheim besuchen – unter dem Deckmantel des »Direktor Henkel« – aber er kann das Mädchen nicht für sich gewinnen. Nun will er ihr die Flausen in bezug auf »Quick« aus dem Kopf treiben. Er bittet seinen Kollegen Clock (Paul Westermeier), sich für den großen »Quick« auszugeben. Bei dieser Begegnung ist Eva enttäuscht über die wahre Erscheinung ihres Helden. Sie kann es nicht glauben, daß sie sich so getäuscht hat und geht noch mal ins Varieté. Dort sieht sie wieder »Quick« in seiner Maske, aber plötzlich nimmt dieser die Maske ab und gibt sich zu erkennen: der vermeintliche »Direktor Henkel«. Nun will Eva auch für den Rest ihres Lebens das »private Gesicht« ihres Geliebten akzeptieren.

Ein typischer Albers-Stoff, mit einem – allerdings erheblichen – Schönheitsfehler: daß der schmucke Hanne in Zivil bei dieser Dame nicht ankommen kann, stieß auf bares Unverständnis beim Kino-Publikum. Albers mit weiß-geschminktem Gesicht, in einem glitzernden Pailletten-Anzug, mit aufgemalten Koteletten – gut und schön, aber der Albers in Zivil, diese so elegante Erscheinung, welcher der Humor aus beiden blauen Augen blitzt – dagegen war der Clown doch gar nichts. So mußten die Kinobesucher gefühlt haben, denn schon bald flaute der Andrang zu »Quick« ab – und die UFA vermeldete: »Der Film hat unsere Erwartungen nicht ganz eingespielt.« Auch der geschickte Schachzug Siodmaks, Albers mit der vielgeliebten Lilian Harvey in einem Streifen zusammenzubringen, nützte da gar nichts. Nee, das Publikum wollte seinen Hans als Helden – und sonst gar nichts. Die Traumpaarung, die man sich vorgestellt hatte, zerplatzte wie eine Seifenblase. Nicht, daß die Harvey versagt hätte – aber die Film-Eva war doch zu blöd, einen Mann wie Albers vor den Kopf zu stoßen. Das saß bei den Zuschauern tief drin.

Schon bei der Premierenfeier hatte Albers so ein merkwürdiges Gefühl: »So recht lachen konnten die Leute nich, det hab ick im Gefühl.« Sicher, auch nach »*Quick*« wollte ihn das Premierenpublikum nicht mehr von der Bühne lassen, so hatte es ihn mit Beifall überschüttet. Aber seine »Antenne« warnte ihn doch: »Ich darf mich nicht mit so Kammerrollen abgeben. Die Leute müssen sagen: Mensch, beim Albers da ist was los.« Und am nächsten Morgen bekam er dieses auch in der *BZ am Mittag* bestätigt: »Weg mit der Schminke, Hanne«, schrieb da der Kritikus, »wer solche blauen Augen hat wie du, der kämpft mit offenem Visier.« Sicherlich kein recht logischer Einwand gegen den Film, aber die Kritik entsprach der Volksseele.

Drei Filme hatte Albers 1930 gedreht, vier 1931. Dazwischen noch jede Menge Theaterverpflichtungen. Und da er stets nach Drehschluß oder Ende der Vorstellung auch nicht gerade schnurstracks nach Hause wanderte, zeigten sich bald die ersten Folgen: Ein Berliner Arzt bescheinigte Albers, daß ein anderer als er bei einem solch labilen Kreislauf schon längst ein Krankenhaus hätte aufsuchen müssen. Doch das muß man erst mal einem so kraftstrotzenden Mann wie Hans Albers klarmachen. Aber so ganz verfehlte die Warnung ihr Ziel nicht: Albers beschloß, sich ein paar Tage in einem Ferienhaus auf Helgoland auszuruhen.

Hans Albers im Garten seiner Villa.

»Quick« (1932), mit Lilian Harvey.

Die Nordsee-Insel liebte er besonders, seitdem er am dortigen Kurtheater Gastspiele gegeben hatte. »Hier kann ich richtig ausspannen«, schmunzelte er, »die Kneipen schließen abends um elf. Und Sechstagerennen werden sie wohl meinetwegen nicht einführen.« Das nicht – aber es kamen viele Freunde aus Hamburg, die ihn mal wieder leibhaftig sehen wollten – auch ein paar Freundinnen, die nicht ganz unwillkommen waren. Doch diejenigen, die seine Beziehung zu Hansi Burg kannten, schworen immer wieder: »Der Hans konnte von seinen Flirts nicht lassen. Aber er hat seine Hansi nie gekränkt. Wenn sie da war, dann zeigte er sich als vollendeter Kavalier. Und Hansi Burg verstand ihn und billigte wohl sein Verhalten.«

Nach dem Kurzurlaub auf Helgoland mußte Hanne sofort wieder vor die Kamera. Die Produzenten liefen ihm die Tür in der Berliner Lennéstraße ein. Sie wußten: Ein Film mit Hans Albers ist eine volle Bank. Er konnte sich auswählen, wen oder was er spielen wollte – und das tat er auch. Damals kam ein Hamburger Produzent auf die Idee, den *Siegfried* aus der Nibelungensage neu aufleben zu lassen – nachdem ein solches Projekt als Stummfilm schon zum Kassenschlager geworden war. Albers empfing zwar den Produzenten, ließ ihn aber unverrichteter Dinge wieder zurück an die Elbe fahren: »Nee, der Überheld ist nichts für mich. Ich mit 'nem Fell um den Bauch, da muß ich ja die Wampe einziehen. Wissen Sie, da bleibe ich besser beim Frack, der retouchiert ganz hübsch meine Figur.« So stand es zumindest in einer Berliner Zeitung aus dem Jahre 1932 zu lesen. Nie war man ganz sicher, ob Bonmots Albers'scher Prägung auch tatsächlich so von ihm abgeschossen worden waren. Aber sein Publikum liebte gerade diese Sprüche ohne Einschränkung. Nach dem Motto: Denen hat er es aber mal wieder gegeben, ein doller Hecht.

Nach *Quick* konnte es sich Albers nicht erlauben, wieder einen Film zu akzeptieren, von dem er nicht hundertprozentig überzeugt war. 100000 Mark Gage strich er jetzt für jeden Film ein – Höchstgebot auf dem deutschen Filmmarkt. Und die Summe sollte noch kräftig klettern.

Der *weiße Dämon* wurde sein nächstes Projekt. Er spielte einen Mann, der einen internationalen Rauschgifthändlerring bekämpfte. In Paris, in Hamburg und auf einem großen Luxusschiff wurden die meisten Szenen gedreht. Er durfte als Heini Gildemeister wieder die Fäuste schwingen lassen, sich in viele gefährliche Situationen begeben und erfolgreich bei allen Frauen sein. Ein Maßanzug für Otto-Otto. Er lehnte es rundheraus ab, sich bei schwierigen Szenen (auf ein fahrendes Auto aufspringen, Fensterscheiben einschlagen) doubeln zu lassen. Nein, das ging ihm gegen die »Berufsehre«. Als der Regisseur doch einen Stuntman anstelle von Albers über die Reling des Luxusdampfers springen ließ, protestierte Albers so lange, bis die Aufnahmen weggeworfen wurden und er selber kopfüber ins Hafenbecken hechtete. »Die Leute geben ihr Geld für den Albers aus, da können sie auch erwarten, daß sie in *allen* Szenen den Albers sehen, und nicht einen, der ihm die schwerste Arbeit abnimmt«, lautete seine Devise. Er hatte sich hoch versichern lassen, allein, die immense Summe, die durch Produktionsausfall bei Albers'scher Krankheit entstanden wäre, deckte die Versicherung nicht. »Dazu gehört eben ein bißchen Gottvertrauen«, sagte Hanne.

Der weiße Dämon, Premiere im November 1932, entstand unter der Regie von Kurt Gerron. Wieder war an Schauspielern nur vom Besten aufgeboten, wie es in Albers-Produktionen schon zur Tradition gehörte: Gerda Maurus, Peter Lorre, der immer häufiger Albers-Partner und später in Amerika zum Weltstar wurde. Trude von Molo, Lucie Höflich, Eugen Burg, Eduard von Winterstein, Raoul Aslan, Hubert von Meyerinck, Alfred Beierle und Karl John. Wenn man die Besetzungslisten aller Albers-Filme miteinander vergleicht, so wird man entdecken, daß häufig die gleichen Namen auftauchen. Es war so eine Marotte des Stars, seine »Familie« zusammenzuhalten. Freunde bedeuteten ihm viel und es kam nicht selten vor, daß er bei den ersten Vertragsgesprächen schon festlegte, der und der habe mitzuspielen, sei es nun, weil derjenige gerade kein Engagement hatte, oder weil – wie Albers – einen kräftigen Stiefel vertragen konnte und daher der ideale Partner war, wenn man warten mußte, bis alles ausgeleuchtet und eingerichtet war. Hubert von Meyerinck erzählte einmal: »Es war völlig unmöglich, daß bei Albers-Filmen nicht irgendwo Schampusflaschen oder Cognac herumstanden. Manchmal habe ich mich gewundert, daß trotz der vielen Gelage so konzentriert gearbeitet werden konnte. Wenn dann die Batterien leer waren, schickte Albers seinen Chauffeur los und ließ aus dem nächsten Feinkostgeschäft Delikatessen und natürlich noch mehr Trinkbares besorgen. Manchmal versuchte ein Produzent zu protestieren, aber er lief immer Gefahr, bei Albers deswegen in eine Ohrfeige reinzulaufen. Die Diskussionen darüber wurden immer seltener, bis sie schließlich ganz aufhörten. Das eine steht fest: Die Stimmung war stets bombastisch.«

Der weiße Dämon wurde wieder ein voller Kinoerfolg – in den vier Berliner Kinos rund um den Kudamm, die gleichzeitig den neuen »Albers« aufführten, bildeten sich Abend für Abend Kinoschlangen. Und manchmal war mittenmang Hans Albers zu entdecken, mit einer Flasche guten Cognac im Arm. »Ist doch kalt, die Leute sollen sich keine Frostbeulen holen.« So war er nun mal: zu jedem Streich bereit – aber auch sentimental bis unter die Toupetspitzen.

Hans Albers' Freunde kamen beileibe nicht alle vom Theater oder Kintopp. Der Dichter Ringelnatz gehörte dazu und Berlins Fußballstar Hanne Sobek, einige Vertreter der Berliner Hochfinanz genauso wie »Krücke«, das Idol aus dem Sportpalast, wenn das Sechstagerennen auf Touren lief. Aber auch Werner Krauß und Gustaf Gründgens, Theodor Loos und Albert Bassermann zählten zu seinem Freundeskreis.

»F.P. 1 antwortet nicht« (1931), mit Sybille Schmitz.

Loos und Bassermann waren es, die Albers »mein schönstes Geschenk überhaupt« machten. Sie hatten Albers auf Helgoland besucht und – selbstredend – artete dieser Abend in ein wüstes Besäufnis aus. Am frühen Morgen ging man noch ein wenig an der Strandpromenade spazieren. Plötzlich zitierte Bassermann einen Satz aus dem *König Lear,* Loos ließ einen anderen folgen, dann fiel Bassermann wieder ein, und plötzlich ließen sie die morgengraue Strand-Szenerie zur Welttheaterbühne werden. Albers setzte sich auf eine Stufe und hörte den beiden berühmten Kollegen voll Faszination zu: »Ich habe Rotz und Wasser geheult, so nahe ist mir das gegangen. Eine solch gelungene Aufführung hat noch kein Theater dieser Welt erlebt.«

Als nächstes entstand einer der ganz großen Albers-Filme, die auch der Filmhistoriker Curt Riess zu den »beispielhaften deutschen Filmen« zählte: *F.P. 1 antwortet nicht.* Hans Albers als kühner Flieger, sieben Jahre, nachdem Charles Lindbergh den großen Flug über den Atlantik gewagt hatte.

Die Geschichte: Mit einem gelungenen Coup macht der Pilot Ellissen (Hans Albers) die bekannten Lennartz-Werke auf die großen Pläne seines Freundes Kapitänleutnant a.D. Droste (Paul Hartmann in seiner ersten Tonfilmrolle) aufmerksam – das Projekt F.P.1. Hinter diesem Kürzel verbirgt sich die Konstruktion eines Flughafens im Meer, der den Fliegern aus aller Welt ermöglichen soll, ohne Schwierigkeiten die Distanz zwischen den Erdteilen zu überwinden. Auf der Flugplattform 1 sollen sie auftanken können, sich ausruhen, technische Schwierigkeiten beheben können. Die Lennartz-Direktion ist begeistert, und Droste bekommt die Aufgabe, so schnell wie möglich im Meer so eine »schwimmende Stadt« zu konstruieren. Ellissen lernt mittlerweile Claire Lennartz (Sybille Schmitz) kennen und verliebt sich in sie. Doch ihm, dem Abenteurer, sind diese Liebe und etwaige damit verbundene Verpflichtungen ungeheuer, und er beschließt, einen Auftrag anzunehmen, der ihn weit weg führt. Einige Zeit vergeht. Ellissen hat bei seinen Aufträgen viel Pech gehabt und ist völlig heruntergekommen. Droste hingegen ist,

»F.P.1 antwortet nicht« (1932), mit Paul Hartmann und Sybille Schmitz.

kurz vor der Vollendung seines Lebenswerkes, der strahlende Held, dem sich auch Claire Lennartz zugewandt hat, als die von Ellissen kein Lebenszeichen mehr bekam.

F.P. 1 wird mit allem Glanz und Gloria eingeweiht. Ein paar hundert Mann arbeiten auf dieser Insel aus Stahl, die auch über Hotels und Einkaufszentren verfügt. Doch die Angst von Droste ist groß, daß Spione und Saboteure seine Station verraten und vernichten könnten. Und so geschieht es eines Tages auch: Während eines Telefonats mit der Insel hören Leute der Lennartz-Werft plötzlich Schüsse und Schreie – dann ist die Verbindung endgültig abgebrochen. Nur ein guter Pilot kann jetzt an Ort und Stelle auskundschaften, was passiert ist, denn ein ungeheurer Sturm tobt über das Meer hinweg. Claire Lennartz weiß, daß dies nur einer schaffen kann: Ellissen. Sie bringt ihn dazu, mit ihr an Bord zur F.P.1 zu fliegen. Wegen der schlechten Wetterverhältnisse machen sie auf der Stahl-Landebahn Bruch. Droste ist schwer verletzt worden, und die gesamte Mannschaft wurde von dem Saboteur Damsky (Hermann Speelmans), der mit einem Boot geflüchtet ist, durch Gas vorläufig außer Gefecht gesetzt. Da die Ventile geöffnet wurden, droht die Stahl-Insel zu sinken. Nur mit einer Tonne Öl könnte man die Ventile wieder funktionsbereit machen und das Projekt retten. Aber die Ölvorräte haben die Angreifer ins Meer geschüttet.

Als Ellissen merkt, daß seine Claire seinen besten Freund Droste liebt, denkt er gar nicht mehr daran, sich weiter am Kampf um die Insel zu beteiligen. Droste hat inzwischen mit einer Mannschaft versucht, ein Flugzeug wieder flott zu bekommen. Obwohl er eine schwere Armverletzung hat, will er selbst fliegen, um das rettende Öl zu besorgen. Da besinnt sich Ellissen der alten Freundschaft und erklärt sich bereit, die schwere Aufgabe zu übernehmen. Sein Start glückt. Nach einer Stunde Flug sichtet er im Meer ein Schiff und springt aus seiner Maschine ab. Die Aktion gelingt ihm, und auf dem Schiff kann er Hilfe für F.P.1 herbeifunken. Die Flug-Insel wird gerettet. Und Ellissen wird neuen Abenteuern entgegenfliegen. Sein Song:

Flieger, grüß mir die Sonne,
grüß mir die Sterne und grüß mir den Mond.
Dein Leben, das ist ein Schweben
durch die Ferne, die keiner bewohnt.
Schneller und immer schneller
rast der Propeller,
wie dir's grad gefällt.
Piloten ist nichts verboten,
drum gib Vollgas und flieg um die Welt.
Such dir die schönste Sternschnuppe aus
und bring sie deinem Mädel mit nach Haus'.
Flieger, grüß mir die Sonne,
grüß mir die Sterne und grüß mir den Mond.

Es war kein Albers-Film wie jeder andere. Nicht der Hoppla-jetzt-komm-ich beherrschte die Leinwand, sondern ein Mann, der die Niederlagen des Lebens kannte, der einstecken konnte und mußte. Herbert Ihering, Berlins Starkritiker, schrieb: »Hans Albers wiederholt nicht seinen Siegertyp. Er gibt nicht nur strahlenden Optimismus. Er versucht diesmal wirklich, einen wetterfesten und bescheidenen Kerl zu spielen, einen Draufgänger, der sich in die Gewalt bekommt.« Ob das Publikum ihn auch so mochte? Und ob. *F.P.1,* in der Regie von Karl Hartl, mit der Musik von Allan Gray und den Texten von Walter Reisch, unter der schauspielerischen Mitwirkung von Peter Lorre, Paul Westermeier, Rudolf Platte und Erik Ode wurde der große Kino-Hit Weihnachten 1932. Auch wenn die Weltwirtschaftskrise Deutschland erfaßt hatte, wenn die Arbeitslosigkeit katastrophale Ausmaße annahm – die Menschen gingen ins Kino wie noch nie. Es war das bißchen Abwechslung, das sie von ihren Alltagssorgen wegbrachte, das ihnen eine Welt vorgaukelte, in der man nur tüchtig anpacken muß, um zu Ruhm und Erfolg zu kommen. Neue Kinos schossen wie Pilze aus dem Boden, die große Rezession hatte diesem Medium nichts anhaben können. Hans Albers war in der Beliebtheitsskala ganz oben angelangt.

F.P.1 antwortet nicht war nicht nur ein Filmstoff, der in Deutschland interessierte. Auch Frankreich und England hatten sich dieses Themas angenommen. Allerdings spielte Albers in den ausländischen Fassungen nicht die Hauptrolle. In Frankreich übernahm Charles Boyer die Rolle des Ellissen, in England war es der deutsche Schauspieler Conrad Veidt. Vergleichen kann man die drei Film-Versionen eines Themas nicht miteinander. Besonders der Hauptpart des wagemutigen Fliegers ist jedesmal anders angelegt. Boyer spielte Ellissen sehr zurückhaltend, Veidt hatte sich für britische Kühle und Understatement entschlossen. Aber auch die ausländischen Versionen kamen gut bei ihrem Publikum an.

F.P.1 antwortet nicht würde der letzte Film sein, den Hans Albers »in aller Freiheit« drehte. Man schrieb jetzt das Jahr 1933. Das »Tausendjährige Reich« war angebrochen.

Oftmals wurde Hans Albers vorgeworfen, er habe sich mit den Nationalsozialisten »arrangiert«. Die Tatsache, daß er auch während der Hitler-Herrschaft *der* große Star blieb, schürte solche Vermutungen. Doch es gibt aus jenen Tagen viele Zeugen, die für Albers Partei ergreifen. Er hatte nie mit dem Regime sympathisiert – im Gegenteil: Er legte sich mit vielen NS-Größen an, nahm diejenigen in Schutz, die seines Schutzes bedurften und riskierte mit bissigen Bemerkungen häufig, doch noch in Ungnade zu fallen, was leicht auszumalende Konsequenzen für ihn gehabt hätte. Auch wenn Albers zwei eindeutige NS-Propagandafilme drehte – *Flüchtlinge* und *Carl Peters* – war er nicht zuletzt Propagandaminister Goebbels ein Dorn im Auge. Aber er überstand die schlimmsten Jahre, weil er etwas besaß, was wie ein Schutzmantel wirkte: ungeheure Popularität. Er konnte riskieren, was andere das Leben gekostet hätte, ihm mußte man nachsehen, was andere direkt ins KZ gebracht hätte. Albers – an diesem Leinwand-Denkmal des deutschen Films wollten selbst die Nazi-Herrscher nicht rütteln. Waren sie doch unter anderem darauf angewiesen, daß seine Filme von dem Grauen und der Not der späteren Kriegsjahre ablenkten.

Daß Albers sich keineswegs regimekonform zeigte, beweist nicht zuletzt die Tatsache, daß er noch lange nach Hitlers Machtergreifung mit seiner Hansi Burg zusammenlebte – und diese war Jüdin (ihr Vater Eugen Burg kam später im KZ Auschwitz ums Leben). Erst als die Forderungen, daß Albers nicht mit »einer solchen« in einem Haus wohnen dürfe, massiver wurden, ging Hansi Burg zuerst in die Schweiz und später nach England. Lange nach dem Zweiten Weltkrieg sagte sie einem Reporter: »Ich bin nicht emigriert, weil ich Angst hatte. Ich habe es getan, damit Hans weiter arbeiten konnte. Diese Arbeit war nicht nur für ihn wichtig. Die Menschen liebten und brauchten ihn, besonders in einer Zeit, in der die Illusion des Films vielen über ihr Schicksal hinweghalf.

Als Hansi Burg ging, hinterließ sie keine Adresse – auch ihrem Hans erklärte sie nie, wo sie zu finden sein würde. Das war ihre Art, die Probleme zu lösen. Als der Krieg beendet war, stand sie genauso unverhofft wieder vor seiner Tür – und blieb bei ihm.

Albers mußte in jenen Tagen von vielen Kollegen Abschied nehmen, die »nicht arischer« Herkunft waren. Peter Lorre und Robert Siodmak gingen nach Amerika, auch Luise Rainer, die später in Hollywood zwei Oscars für hervorragende schauspielerische Leistungen bekam und in ihrer deutschen Heimat zuletzt mit Albers für *Heut' kommt's drauf an* vor der Kamera gestanden hatte. Kurt Gerron, der große Schauspieler und Regisseur, starb im KZ wie zahllose andere, die einmal die Besetzungslisten in Albers-Filmen bereichert hatten. Leopold Biberti, Partner von Albers in einer Neuinszenierung von *Rivalen* unterstand direkt dem Schutz des Stars. Als die SS gegen seine Auftritte protestierte, erklärte Hans Albers ganz einfach: »Entweder wir gehen alle beide oder keiner von uns.« Das zeigte Wirkung. Trotzdem mußte Biberti nur Wochen später in die Schweiz flüchten, wo er am Züricher Schauspielhaus Unterschlupf fand. Nein, der Albers gehörte in jener schlimmen Zeit zu den »Unberührbaren«, woran auch die Wut und die Feindseligkeit verschiedener Parteibonzen nichts ändern konnten.

Er wurde gebraucht in der Film-Etappe – das war höchster Befehl. Wer konnte schon außer ihm 1939 noch in *Wasser für Canitoga* singen: »Englands Fahnen haben wir getragen – und der Jonny trug sie uns voran.«

Nach Hitlers Machtantritt wurde die Film-Maschinerie erst recht kräftig angekurbelt. Die Produktionen, die vor und während des Krieges entstanden, teilten sich hauptsächlich in zwei Gruppen: Jene Propagandafilme vom Range eines *Jud Süss* oder *Hitlerjunge Quex* nebst perfider Durchhaltemachwerke, die andere beinhaltete eine Unzahl von Unterhaltungsfilmen, in denen Stars wie Marika Rökk, Johannes Heesters und Zarah Leander genauso wie Hans Albers optimistischen Flair verbreiten sollten und mußten.

Den letzten Song, den Hans Albers vor der Machtergreifung auf der Leinwand sang, schätzten viele als eine Art politisches Lied – wenn auch mit auffällig albernem Text – ein:

Mein Gorilla hat 'ne Villa im Zoo,
mein Gorilla lebt zufrieden und froh,
Er kennt keine Politik,
und es ist sein höchstes Glück,
die Gemahlin zu jucken
und auf jeden, der ihn stört,
aus der Villa ganz empört
voll Verachtung zu spucken!

Hans Albers augenzwinkernd: »Ich und ein politisches Lied singen? Kommt doch gar nicht in die Tüte. Und außerdem: In der Politik haben doch Gorillas nichts zu suchen, oder?« Das Lied mit dem schrägen Text stammt aus dem Film *Heut' kommt's drauf an.* Es sollte dies die letzte Zusammenarbeit zwischen Albers und Kurt Gerron werden, der noch einmal Regie führen durfte, bevor er schließlich auf die »schwarze Liste« geriet. Es war die simple Musik-Geschichte eines Mannes, der in einem Wettbewerb um das »goldene Saxophon« kämpft. Viel Musik und wenig Handlung – das machte *Heut kommt's drauf an* noch lange nicht zum Mißerfolg. Neben Albers (in der Rolle des Kapellmeisters Hannes Eckmann) spielten Luise Rainer, Oskar Sima, Baby Gray, Max Gülstorff, Oskar Karlweiß und die herrlichen Weintraub-Syncopators. Und ganz Berlin sang: »Mein Gorilla hat 'ne Villa im Zoo . . .«

Swinging City – und das Ganze am Rand des Abgrunds. Als *Heut komm's drauf an* im Berliner Gloria-Palast Premiere feierte, schrieb man den 16. März 1933. Worauf es tatsächlich ankam, wollten die Machthaber des »Dritten Reiches« schon bald zeigen. Die UFA würde nicht mehr das sein, was sie mal gewesen war, nachdem sie in den Reichsbesitz eingegliedert worden war. In Babelsberg würden die Hakenkreuzfahnen aufgezogen werden, und eine Reichsfilmkammer würde zu bestimmen haben, was auf die Leinwand kam und was dort unerwünscht war. Und vor allem: wer »unerwünscht« war. Ganz langsam, Schritt für Schritt, hatte die Machtergreifung auch das in ihre Klauen bekommen, was wie kein anderes Medium die Menschenmassen zu begeistern wußte: den Kintopp.

Das Geheimnis des Erfolgs

Den ersten Film im Schatten der politischen Ereignisse drehte Hans Albers außer Landes: in Rom und Venedig. *Ein gewisser Herr Gran...* hieß der Titel, ein Film von Gerhard Lamprecht. Hans Albers brach zu den Aufnahmen – selbstverständlich mit Chauffeur – in seinem roten Sportcabriolett auf, das in Berlin jedermann kannte. Sieben Tage brauchten sie bis Rom. Nicht, daß der schnitte Wagen so langsam von der Stelle gekommen wäre – Albers ließ an jedem dritten Ristorante halten, um den regionalen Wein zu probieren. Und da der Chauffeur mittrinken mußte, war oft an Weiterfahrt nicht zu denken. Doch man hatte Zeit – nichts ging am Drehort ohne den Star, und der erlaubte es sich durchaus, mit einer »kleinen Verspätung« von drei Tagen einzutreffen.

Ein gewisser Herr Gran . . . ist ein rechter Albers-Stoff – eine Spionage-Geschichte, in der Albers – wer sonst? – den Helden spielt: Auf einer Straße in den italienischen Alpen wird ein Auto von der Straße gedrängt, überschlägt sich und begräbt den Fahrer, einen Erfinder, unter seinen Trümmern. Ein Mann namens Beppo (Hans-Adalbert Schlettow) geht auf das Wrack zu, kümmert sich aber nicht um das Opfer, sondern zieht lediglich die Aktentasche aus dem zerstörten Wagen. Sie beinhaltet geheime Papiere, die der Welt eine neue Waffe gegen etwaige Angreifer bescheren soll: Kunstruktionen für einen Abwehrmechanismus, der feindliche Flugzeuge zur Landung zwingt, bevor sie ihre tödliche Last abgeworfen haben können. Und nun sind diese Papiere in den Händen einer fremden Macht. Wer wird sie wieder zurückholen können?

Ewig blau wie das Meer
Lacht dein Himmel, bella Venezia,
ist das Herz mir auch schwer,
du bist Sonnenschein, bella Venezia . . .

»Ein gewisser Herr Gran« (1933), mit Karin Hardt.

Im Hotel Danieli in Venedig steigt ein gewisser Herr Gran (Hans Albers) ab. Er läßt sich ausdrücklich Zimmer Nummer 117 geben, weiß er doch, daß in 116 ein Mr. Gordon (Hubert von Meyerinck) wohnt, seines Zeichens Hauptmann eines ausländischen Geheimdienstes. Gordon hat sich in eine junge Dame mit dem Namen Viola Dolleen (Karin Hardt) verliebt und nimmt sie mit, damit sie auf dem Canale Grande Wasserski fahren kann. Nach anfänglichen Versuchen stürzt Viola ins Wasser und wird von Herrn Gran, der es so einrichtete, an Ort und Stelle zu sein, gerettet. Die beiden verlieben sich ineinander.

In seinem Hotelzimmer hört Gran ein Gespräch mit, das Gordon am Telefon führt. Die gesuchten Papiere sollen sich in Rom befinden, und zwar irgendwo im Hause des Kunsthändlers Tschernikoff (Albert Bassermann). Gran reist sofort an den Tiber und macht die Bekanntschaft des reichen Händlers. Aber er kann nicht herausbekommen, wo sich das Gestohlene befindet. Da kommt ihm ein Zufall zu Hilfe. Die Frau Tschernikoffs (Rose Stradner) hat sich in den Kunstmaler Broccardo (Walter Rilla) verliebt, der im Auftrag ihres Mannes ein Porträt von ihr malen soll. Allerdings hat sich der Maler entschlossen, einen Akt seiner Geliebten zu malen, und als sich Tschernikoff zum Besuch anmeldet, in Begleitung der Agentin Mervin (Olga Tschechowa), muß das Bild verschwinden. Gran bietet seine Hilfe an, nicht ahnend, daß hinter der Leinwand die gesuchten Dokumente versteckt sind. Auch Viola taucht in Rom auf und wohnt bei ihrer Freundin Bianca Tschernikoff. Die Agentin Mervin versucht, die Papiere ohne Wissen des Kunsthändlers an eine andere Macht zu verkaufen, die noch mehr Geld geboten hat, wird aber von Tschernikoff dabei erwischt. Als dieser bemerkt, daß dieser gewisse Herr Gran im Besitz des Gesuchten ist, stellt er ihn – mit einer Pistole in der Hand. Er nimmt ihm das Bild ab und rast in seine Villa, wo seine Auftraggeber schon warten. Doch plötzlich bricht im Haus ein Feuer aus. Man sieht einen Fremden sich todesmutig in die Flammen stürzen, um das Kunstwerk – und damit die Pläne – zu retten. Es ist natürlich Herr Gran, der sich als Hauptmann des Geheimdienstes Bergall entpuppt. Mit Viola im Wagen rast er zu seiner Botschaft, um die geheimen Dokumente den rechtmäßigen Besitzern wiederzugeben.

Wie gesagt, ein echtes Albers-Spektakel. Aber so mochten ihn nun mal die Leute und Albers bekannte: »Ich bin keiner, der gegen den Strich bürsten muß, um seinen Mut zu beweisen. Die Menschen kommen mit einer ganz bestimmten Erwartung ins Kino – also sollen sie auch bekommen, worauf sie sich gefreut haben.«

Die Dreharbeiten für den *Herrn Gran* enden für Albers nicht ganz ungefährlich. Selbstverständlich bestand er darauf, auch selbst in das brennende Haus zu gehen, damit alles so echt wie möglich wirkte. Zwar hatten die Pyrotechniker alles getan, um die Aufnahmen für Albers so sicher wie möglich zu machen, aber auch sie konnten nicht verhindern, daß sich ihr Hauptdarsteller Brandwunden an beiden Händen holte. Für Albers war die Sache aber nur »halb so schlimm«: »Det verjeht schon«, beruhigte er, »et is nicht det erstemal, det ick mir die Finger verbrenne.« Immer wenn er einen Scherz machte, bediente er sich der »Berliner Schnauze«, die er so gut nachmachen konnte, als wäre er nicht in St. Georg, sondern im Wedding geboren. Nur wenn er melancholisch wurde – und das passierte nicht nur, wenn er wieder einmal sehr tief ins Glas geguckt hatte – sprach er sein geliebtes Hamburger Platt. Albert Bassermann zu Freunden: »Wenn er dann loslegte, konnte ihn kaum jemand verstehen. Und ab und zu passierte es auch, daß ihm die Tränen nur so die Wangen herunterliefen.«

Hans Albers' Partnerin im *Herrn Gran* war Karin Hardt. Sie hatte schon so erfolgreiche Filme wie *An heiligen Wassern, Acht Mädels im Boot* oder *Abel mit der Mundharmonika* hinter sich, als sie in Venedig zum erstenmal auf Albers traf: »Er gehörte nicht zu meinen großen Vorbildern, da gab es ganz andere. Aber ich war sofort von ihm beeindruckt. Seine herzliche Art, mit Menschen umzugehen, seine überaus korrekte Kollegialität machten die Dreharbeiten für mich zu einem großen Erlebnis. Es war faszinierend festzustellen, wie auch die Italiener den blonden Hans sofort in ihr Herz schlossen. Sie mußten ihn schon gut gekannt haben, denn wohin wir auch kamen, überall wurde er herzlich, manchmal sogar stürmisch begrüßt. Er konnte sich mit dem kleinen Gondoliere genauso ausgelassen unterhalten wie mit irgendeinem hohen Herrn aus der Industrie. Er machte grundsätzlich keine Unterschiede. Mir, der Anfängerin, hat er viele Tips gegeben, die mir sehr weiterhalfen.«

Daß aber auch Hans Albers vor der Kamera nicht immer dieser Tugendbold war, beweist eine andere Geschichte: Mit Lilian Harvey drehte er *Quick*. Immer, wenn Großaufnahme war, drehte Hanne den Kopf seiner Partnerin so, daß sein ganzes Profil mit der unverkennbaren »Charakternase« (Albers: »Der große Zinken ist Albers'sches Erbgut«) gut plaziert war. Als Lilian Harvey, genauso selbstbewußt wie er, daraufhin beim Regisseur Protest einlegte, gab Albers klein bei und lachte: »Laß gut sein, Mädchen, man wird's ja noch mal probieren dürfen.« Er soll dem Vernehmen nach dann auch seiner Partnerin ein »paar gute Schüsse« zugebilligt haben.

Der nächste Albers-Film, der in die Kinos kam, zählt nicht gerade zu seinen Ruhmesstücken: *Flüchtlinge,* ein politischer Film von Gustav Ucicky, der noch so viele andere Filme mit Albers drehen sollte. Zwar fanden die Dreharbeiten noch kurz vor der Machtergreifung Hitlers im Studiogelände von Babelsberg statt, aber es bestand wohl kaum ein Zweifel, daß die Politik der nächsten Jahre hier schon ihre Schatten vorausgeworfen hatte. Tenor: Ein deutscher Soldat, in den Diensten fremder Mächte, findet als wahrer Held endlich in die weitgeöffneten Arme seiner Heimat zurück.

Und das ist der nähere Inhalt: Im Jahre 1928 herrscht Krieg um die Mandschurei. In der Stadt Charbin ist der Teufel los. Japanische, mandschurische und russische Soldaten – keiner weiß so recht, wie er der Hölle entkommen soll. Auch eine kleine Gruppe Wolgadeutscher will aus der Stadt heraus in die Freiheit. Ihr Anführer, der Ingenieur Laudy (Eugen Klöpfer), und seine Schwester Kristja (Käthe von Nagy) haben jedoch

»Flüchtlinge« (1933), mit Käthe von Nagy.

keinen Erfolg. Russische Soldaten verschleppen alle Deutschen, deren sie habhaft werden können, über die russische Grenze. Laudy protestiert bei einer Kommission des Völkerbundes, findet aber nur taube Ohren für sein Anliegen. In dem ganzen

Durcheinander begegnet er schließlich einem Offizier in chinesischer Uniform, der so gar nicht wie ein Chinese aussieht: Es ist Arneth (Hans Albers), ein Deutscher, der in den Diensten der Nanking-Regierung steht. Er, der Abenteurer, war aus Deutschland geflüchtet, weil er die »Knechtseligkeit der Republik« (Originaltext des deutschen Programmheftes) nicht mehr ertragen konnte. Arneth will von einem mandschurischen General ein Auto bekommen, mit dem er nach Peking zurückfahren kann. Aber Autos sind Mangelware. Also geht er zum Bahnhof, um sein Glück zu versuchen. Dort trifft er wieder auf die deutsche Gruppe, die sich an einem verlassenen Zug zu schaffen macht. Doch selbst diese Hoffnung zeigt sich trügerisch: ein Stück Gleis ist herausgesprengt worden und blockiert den Weg in die Freiheit. Arneth denkt gar nicht daran, den deutschen Flüchtlingen zu helfen. Sollen sie doch sehen, wie sie zurechtkommen. Aber als er merkt, daß Laudy von einem Malariaanfall geschüttelt wird, ergreift er das Kommando. Unter schwierigsten Umständen repariert er mit einer Mannschaft die Gleise. Die Russen suchen inzwischen schon den Bahnhof nach den Deutschen ab. Es geht um Sekunden. Da fährt der Zug langsam aus dem Bahnhof heraus. Von allen Seiten schießen die Russen auf die flüchtenden Deutschen. Eine Handgranate trifft den letzten Wagen, der nun die Weiterreise verhindert. Noch einmal muß Arneth seinen Heldenmut beweisen: Im Kugelhagel klettert er bis zum Schluß des Zuges, koppelt das Hindernis ab und die glücklichen Flüchtlinge fahren in die Freiheit. Arneth hält dabei seine geliebte Kristja im Arm. Ende des Spektakels.

Dieser Film vom Durchhalte-Willen des deutschen Mannes erntete schon bei der Premiere den überaus starken Beifall der Nazis. Er war für sie maßgeschneidert: Die Deutschen, die auch im Ausland zueinander standen und der Übermacht durch List und heldenhaften Einsatz trotzten – das war genau nach ihrem Geschmack. 1934 wurde *Flüchtlinge* mit dem Staatspreis ausgezeichnet. (Die Alliierten waren nach 1945 gänzlich anderer Meinung und verboten den Film).

»Flüchtlinge« (1933), mit Käthe von Nagy.

Eine Einschränkung muß – als filmhistorischer Tatsache – jedoch gemacht werden: Auch Frankreich nahm sich des *Flüchtlinge*-Stoffs (nach dem gleichnamigen Roman von Gerhard Menzel) an – hier spielte Pierre Blanchard die Rolle von Hans Albers. Auch diese Version verzichtete nicht auf den heldenhaften Pathos – eben nur aus französischer Sicht.

Für *Flüchtlinge* wurde in Babelsberg eine mandschurische Kleinstadt nachgebaut. Robert Herlth und Walter Röhrig, die bekannten Filmarchitekten, bekamen von der UFA soviel Geld zur Verfügung gestellt, wie sie nur brauchten. Die große Aufmachung – das war es, was die Zuschauer immer noch beeindruckte. Während Deutschland wirtschaftlich darnieder lag, lief die Filmindustrie auf Hochtouren. Man wußte: Das Geld wurde auf jeden Fall wieder eingespielt. Erst recht, wenn als Garant Hans Albers die Besetzungsliste anführte. Seine Gage hatte die enorme Höhe von 130000 Mark pro Film erklettert – zweifellos hatten ihn die Filme der letzten vier Jahre bereits zum Millionär gemacht. Er kaufte sich ein Haus in Berlin-Klatow und eines am Starnberger See, seine »Rosenvilla« mit Bootshaus.

Warum er, der Hamburger, der seit vielen Jahren beruflich in Berlin beheimatet war, ausgerechnet in Bayern ein neues Domizil suchte? Albers: »Man kann nicht auf einem Bein stehen. In Berlin kann ich arbeiten und mich herrlich vergnügen. Aber manchmal muß man auch abschalten. In Garatshausen am Starnberger See habe ich ein Grundstück gesehen, das genau meinen Vorstellungen entspricht. Da kann ich mir ein Segelboot hinlegen und raus auf den See fahren und meinen Gedanken nachgehen. Die paar Leute, die in dem kleinen Ort wohnen, werden mich ja nicht gleich erdrücken, wenn ich ein bißchen spazierengehe. In Berlin kann ich das nicht ganz behaupten...« Nun muß man allerdings dazu noch sagen, daß es gerade diese »Umklammerung« seines Publikums war, die Albers in vollen Zügen genoß – und die seinen Marktwert hochhielt.

Es war längst die Zeit gekommen, in der auch ein Hans Albers über seine Karriere nachdachte. Ob er schon auf dem Zenit angekommen war oder nicht – er hatte viel zu verteidigen. Ein gewisser Gert Markus schrieb damals in der *BZ am Mittag:* »Alle Albers-Filme werden nach demselben Prinzip gedreht: Er steht im Mittelpunkt des unterhaltenden Stoffes – und alle anderen bilden die Staffage. Diesen Ruhm hat er schon früh erworben, und er ist ihm geblieben. Aber es birgt auch eine Gefahr: Nur mit Albers – und wie er seine Rolle anlegt – steht und fällt ein Film. Das bedeutet große Verantwortung. Sollte er sich ein paar Pleiten leisten, so kann er niemanden dafür verantwortlich machen als sich selbst.« Gut, diese Pleiten waren nicht eingetroffen, denn selbst mindere Erfolge wie *Quick* oder *Hans in allen Gassen* spielten ihr Geld noch ein. Aber Albers wußte: »Um die Karriere unter Dampf zu halten, mußt du ständig an dir arbeiten, darfst die Leine nicht loslassen, an der du alles steuern kannst.« Da war er wieder, dieser Satz, den ihm einmal sein hochverehrter Eugen Burg mitgegeben hatte.

In *Gold,* seinem nächsten Projekt, spielte Albers wieder alle seine Helden-Kabinettstückchen aus. Es geht in diesem Film, der von Karl Hartl inszeniert wurde, um eine utopische Geschichte, in der man durch Atomzertrümmerung Gold gewinnen kann. Albers' Partner sind Michael Bohnen, Brigitte Helm, Lien Deyers, Rudolf Platte, Heinz Wemper, Fita Benkhoff und Elsa Wagner. Bei der Premiere am 29. März 1934 im Berliner Ufa-Palast jubelten wieder alle ihrem »Hanne« zu.

Wie kam es, daß dieser Schauspieler mit fast jedem seiner Filme einen Volltreffer landete, obwohl er diese »Dinger« (so Albers) wie am Fließband herunterdrehte. Drei Premieren im Jahr – für Albers keine Schwierigkeit. Babelsberg war – wenn nicht gerade irgendwo Außenaufnahmen stattfanden – zu seinem »Monster-Büro« geworden. Wie kam es, daß sich die Menschen an diesem blonden Hans, der ja nun wirklich eine ganz ausgeprägte Masche ritt, nicht sattsehen konnten?

Lassen wir es Herbert Jhering, den großen Berliner Kritiker, erklären:

»Das Publikum wird widerstandsunfähig, wenn es ihn

»Gold« (1933), mit Nebendarstellern.

sieht. Weil er das Gefühl packt? Weil er mit der Berliner Schnauze wirkt? Weil er sentimental, weil er keß ist? Die Wirkung von Albers ist aus allen Teilen gemischt. Er könnte ebenso aus einem Groschenroman wie aus einem Roman von Döblin stammen. Aus dem Groschenroman ist das treue Auge, das er ins Parkett wirft, und das breite Lachen, mit dem er sich verbeugt. Aus einer Dichtung Döblins könnten diese greifenden Gesten, diese ausladenden Gebärden, diese Fantastik seiner Bewegung sein. Hans Albers: ebenso von Vicky Baum wie von Bert Brecht. Hans Albers: ebenso ein männlicher Henny Porten wie ein Mackie Messer. Ebenso der ewige Komödiant wie ein moderner Schauspieler. In seinen glücklichsten Momenten wendet er sich an alle, an das breiteste Publikum, an die verwöhntesten Literaten. Das ist das Geheimnis seines Erfolges.« Soweit Jhering.

Propagandafilme und Kassenknüller

Nun muß ich fort, ade mein Kind,
und scheiden, das tut weh,
es weht von Nord ein frischer Wind,
es lockt die blaue See.
Doch jeden Wunsch erfüll'ich dir,
kehr' ich einmal zurück.
Nun muß ich fort, ade mein Kind,
und suche mir das Glück.

Mit diesem kitschigen Text, dem des *Flößerlieds* von Hedy Knorr, begann für Hans Albers ein gigantisches Projekt: *Peer Gynt,* der nordische *Faust.* Viele Kritiker beanstandeten damals, daß Ibsens Drama in dieser Filmfassung eine »unwürdige Auslegung« erfahren habe – und tatsächlich kann man dieses Vom-Bauernbub-der-auszug-die-Welt-zu-erobern-Spektakel nicht gerade als die Ibsensche Vorlage gerechte Verfilmung bezeichnen. Zu tief griff Regisseur Dr. Fritz Wendhausen (der später vor den Nazis nach England emigrierte) in die Seelen-und-Schmerz-Kiste, zu wenig war Albers ein Schauspieler, der sich in das Schema eines dramatischen Stoffes pressen ließ. Da war ein Peer Gynt, der mehr Albers'sche Züge trägt als diejenigen, die ihm Ibsen gab. Es blieben: das »große Lied der Heimat« und verwegene Abenteuer im Hans-Albers-Format.

Der Aufwand, mit dem die »Bayerische Filmgesellschaft« dieses Projekt vorantrieb, war immens. Außenaufnahmen wurden in Norwegen, in Lugano und im Isartal bei München gedreht. In Geiselgasteig, dem Münchner Filmzentrum, bauten die Filmarchitekten Carl Vollbrecht und Hermann Warm eine richtige Wüstenlandschaft auf. Die Besetzungsliste verzeichnete so prominente Namen wie Lucie Höflich (die schon mit Albers in seinem großen Theatererfolg *Verbrechen* auf der Bühne gestanden hatte),

Lizzi Waldmüller, Marieluise Claudius, Olga Tschechowa, Otto Wernicke, Fritz Odemar, Ellen Frank und Hans Schultze. Und in der Rolle des Steuermanns tauchte ein Schauspieler auf, der später einer der Stars des deutschen Nachkriegsfilms werden sollte: O.E. Hasse, damals noch als Otto Eduard Hasse angekündigt.

Eine Inhaltsangabe in kürzester Form: Peer Gynt, der auf dem väterlichen Hof in Norwegen lebt, ist ein Träumer und Fantast. Er läßt den Bauernhof verkommen, was ihn wenig bekümmert: Will er doch lieber in die weite Welt hinaus, um dort sein Glück zu machen. Mutter Aase (Lucie Höflich) sieht das mit Besorgnis. Bei der Hochzeit der Ingrid (Ellen Frank), die auch mal den stattlichen Peer Gynt liebte, lernt er Solveig (Marieluise Claudius) kennen, die ihm auf den Hof folgt. Als aber Mutter Aase stirbt, hält Peer Gynt nichts mehr in Norwegen. Er verabschiedet sich von Solveig, die auf ihn warten soll, und folgt einer schönen Baronin (Olga Tschechowa), die ihn als Goldtaucher eingestellt hat, eifersüchtig beobachtet von einem gewissen Parker (Otto Wernicke), der die Baronin liebt. Peer Gynt macht schnell sein Glück, bald beteiligen ihn die Baronin und Parker aus taktischen Gründen an ihren Geschäften – und schließlich bootet Gynt seine beiden Partner, deren er überdrüssig geworden ist, aus. Er ist jetzt ein reicher Mann, hat Goldminen, Ölquellen und Banken. Da erfährt er eines Tages, daß in Arabien ein Aufstand ist, der seine dortigen Niederlassungen bedroht. Er reist sofort hin, wird in Kämpfe verwickelt und kann erst nach Jahren sein altes geschäftliches Ansehen zurückgewinnen. Zwei seiner Lieben – die Tänzerin Tatjana (Lizzi Waldmüller) und die Eingeborene Anitra (Zehra Achmed) – erleiden Schiffbruch. Gerade als Gynt zu sich selbst findet und den Arabern seine Unternehmungen überschreiben will, wird er überfallen und ausgeraubt. Mit letzter Kraft kann er ein norwegisches Schiff erreichen, das ihn in Richtung Heimat bringt. Unerkannt geht er durch die Straßen seines Heimatortes – man glaubt, der Peer sei schon lange tot. Eine Überraschung erlebt der verschollene

»Peer Gynt« (1934), mit Lucie Höflich.

Sohn, als er den wieder erblühten Gynt-Hof sieht. Solveig hat sich als Bäuerin bewährt und auf ihren Peer gewartet. Und dieser beschließt, nun endgültig in seiner norwegischen Heimat zu bleiben.

Mit dreieinhalb Monaten war die Drehzeit kalkuliert. Damals eine unglaublich lange Zeit, denn im Durchschnitt wurden die Streifen in durchschnittlich drei bis vier Wochen abgedreht – aus Kostengründen. Für die Bayerische Filmgesellschaft war dieses Projekt in jeder Hinsicht ein Risiko: Wie würde ein Publikum, das den so unbeschwerten Hans Albers liebte, ihn in einer Klassikerrolle aufnehmen? Würden die so hohen Kosten überhaupt eingespielt werden können?

Die Sorgen stellten sich später als unbegründet heraus. Der Name Albers auf den Filmplakaten genügte, um die Kassen klingeln zu lassen. Und da der Text in der Bearbeitung von Richard Billinger, Josef Stolzing-Czerny und Fritz Reck ganz auf das Volksschauspieler-Naturell von Hans Albers zugeschnitten war, brauchten die Zuschauer nichts zu missen.

Für das schauspielerische Spektrum von Albers war *Peer Gynt* sozusagen ein gefundenes Fressen: Der erste Teil in speckigen Lederhosen, der zweite im Maßanzug mit teurer Perle in der Seidenkrawatte – ein Querschnitt durch Albers' Filmkarriere. »Ich weiß nicht, worin ich mich wohler fühle«, sagte Albers über sich selbst, »das kommt immer auf meine Stimmung an, und – was besser in die Landschaft paßt . . . Nur nicht in Knickerbockern ins Adlon . . .«

Albers' nächster Film war *Varieté,* ein Remake des großen Stummfilm-Erfolgs, in dem Emil Jannings und Lya de Putti die Hauptrollen gespielt hatten. Für Albers war es die zweite Rolle – nach *Quick* –, in der er einen Clown spielen durfte. »Die Seele dieser Menschen hat mich immer fasziniert. Nur wegen der Clowns bin ich immer in den Zirkus gegangen.« Aber nicht nur der Bajazzo wurde von ihm gegeben – da war noch ein Part, der Albers wie nichts anderes interessierte: er durfte einen »fliegenden Menschen« am Trapez mimen, eine Rolle, in der er wieder mal beweisen durfte, war für ein »Pfundskerl« er war. Daß die Dreharbeiten für ihn gefährlich wurden, kümmerte ihn dabei weniger.

Die Story: Die drei französischen Artisten Jeanne (Annabella),

»Peer Gynt« (1934)

»Varieté« (1935), mit Annabella.

»Varieté« (1935), mit Annabella.

Filmprogramm

George (Attila Hörbiger) und Pierre (Hans Albers) gastieren mit ihrem Wanderzirkus in einem kleinen Dorf, als sie von ihrem Manager Max (Karl Etlinger) erfahren, daß sie an diesem Abend der Direktor (Ernst Rotmund) eines Großstadt-Varietés unter die Lupe nehmen will. Die drei Freunde, die in ihrem kleinen Zirkus vom Ausrufer bis zu den Clowns alle Nummern übernehmen, wollen ihr ganzes Können beweisen. Aber dazu kommt es nicht, denn sie geraten schon bald mit der Dorfbevölkerung in eine Schlägerei, an dessen Ende die Zerstörung ihres kleinen Zirkus steht. Trotzdem dürfen sie in der Großstadt ihre große Trapez-Nummer vorführen und werden als die »Drei Maxim« engagiert. Nun beginnt ein ganz neues Leben für sie: Sie stehen plötzlich im Mittelpunkt des Interesses, werden berühmt und führen ein luxuriöses Leben. Dieses führt schließlich dazu, daß ihre Freundschaft Risse zeigt. Besonders ein Umstand ist es, der sie auseinanderbringt: George liebt Jeanne, diese fühlt sich aber mehr zu Pierre hingezogen. Der wütende George läßt während einer Vorstellung absichtlich seinen Kompagnon Pierre abstürzen. Auch wenn Pierre durch ein gespanntes Netz gerettet wird, ist das Trio nun endgültig auseinanderdividiert. George packt seine Sachen und verschwindet, und Jeanne bleibt mit ihrem Pierre zurück, nun als das »Duo Maxim«.

Auch dieser Film von Regisseur Nicolas Farkas bekam eine eigene französische Fassung, Fernand Gravey spielte die Rolle von Hans Albers und Jean Gabin, damals noch hoffnungsvoller Nachwuchsschauspieler, übernahm den Part von Attila Hörbiger. Als vier Jahre später der Feldzug gegen Frankreich begann, stellte die deutsche Filmprüfstelle die deutsche Fassung ins Abseits. Deutsche Künstler, die Franzosen spielten – so was kam in solchen Zeiten auf die schwarze Liste.

Ganz anders verfuhr die NS-Prüfstelle mit dem nächsten Albers-Film *Henker, Frauen und Soldaten.* Er erhielt Belobigungen und wurde ohne jede Beanstandung akzeptiert. Kunststück, wenn man weiß, daß Albers in diesem Kriegsstreifen einen überaus tapferen deutschen Flieger mimt, der zu den schönsten

»Henker, Frauen und Soldaten« (1935), mit Charlotte Susa.

Heldentaten fähig ist. Daß er in einer Doppelrolle auch noch den abgefeimten Bolschewiken-Oberst Alexej Alexandrowitsch mimen mußte, war da kein Hindernis, denn dieses Scheusal von einem Soldaten unterlag ja schließlich und letztendlich in einem Kampf Mann gegen Mann »ihrem« strahlenden deutschen Helden. Ja, so waren damals die Töne, die angeschlagen wurden, um dem »Tausendjährigen Reich« auch auf der Leinwand moralischen Rückhalt zu geben.

Hier kurz der Inhalt des Films, den im Sommer 1935 Johannes Meyer nach der Romanvorlage *Ein Mannsbild namens Prack* von Fritz Reck-Malleczewen drehte: Es ist Krieg. An der kleinasiatischen Front gerät Rittmeister Michael von Prack (Hans Albers) in die Hände der Briten, kann aber eines ihrer Flugzeuge stehlen und nach Hause fliehen. Dort warten neue Taten auf ihn: Kampf gegen die Russen. Auf dem Weg zur Front lernt er eine Frau kennen, von der er nicht weiß, daß sie Spionin der Gegenseite ist. Vera Iwanowna (Charlotte Susa) verwechselt Michael von Prack zuerst mit seinem Vetter, dem Bolschwiken-General Alexej Alexandrowitsch von Prack (ebenfalls Hans Albers), der als besonders blutrünstig bekannt ist. Vera verliebt sich in den Deutschen – auch als sie ihre Verwechslung erkannt hat. Aber dann wechselt sie zur russischen Front über. In einer Kampfhandlung kommt es zu einer Begegnung zwischen den beiden so ungleichen Vettern, und Michael von Prack besiegt den General in russischen Diensten mit dem Säbel. Aber auch er wird schwer verwundet und wird – ohne Uniform – von russischen Soldaten gefunden und ins bolschewistische Hauptquartier gebracht. Dort gibt er sich für seinen Vetter aus und kann die Pläne der Russen ausspionieren. Doch eine Begegnung mit Vera verrät ihn. Seine Geliebte hat sich endgültig auf die Seite ihres Vaterlandes geschlagen und meldet den Betrug ihrem Vorgesetzten. Von Prack kann in letzter Sekunde fliehen, und da er die Aufmarschstellungen seines Gegners kennt, kann er seine Truppen hinter die feindlichen Linien führen und sie vernichten. Unter den Trümmern des »roten« Hauptquartiers liegt auch Vera Iwanowna begraben. Von einer Kugel getroffen, stirbt der Held Michael von Prack auf dem Schlachtfeld.

Lange nach dem Zweiten Weltkrieg haben Filmhistoriker diesen Albers-Film als ein besonderes »unsinniges Machwerk« klassifiziert. »Die Schwarz-Weiß-Malerei zwischen Freund und Feind erreichte trotz des perfiden Anlasses fast schon skurrile Höhepunkte«, hieß es. Und: »Albers einmal als monokeltragender, zynisch-brutaler russischer General und zum anderen als ordenbehängter deutscher Soldatenheld – da mußte man schon das Gemüt eines Hans Albers haben, um so etwas überhaupt spielen zu können. Fast wäre man geneigt, diesen Film reinweg als Persiflage abzutun, wäre da nicht der politische Hintergrund des Jahres 1935 in Deutschland, der an den klaren Absichten, einen solchen Film zu drehen, keine Zweifel ließ.«

Und weil dieser Film, der sicherlich kaum zu Albers' Ruhmestaten zählt, für die Propagandamaschinerie der Nationalsozialisten so wichtig war, wurden alle berühmten Schauspieler dafür abgestellt, deren man habhaft werden konnte: Aribert Wäscher, Hubert von Meyerinck, Bernhard Minetti, Otto Wernicke, Fita Benkhoff. Wieder tauchte in der Rolle eines Arabermädchens Zerah Achmed auf, die schon in *Peer Gynt* an Albers' Seite einen ähnlichen Part gespielt hatte.

Die nächsten beiden Filme drehte Hans Albers wieder unter der Regie von Gustav Ucicky, und auch der Autor war beidemale derselbe: Gerhard Menzel. Die Titel: *Savoy Hotel 217* (der nach dem Krieg *Mord im Savoy* hieß) und *Unter heißem Himmel.*

Savoy Hotel 217 handelt von einem Kellner in einem Moskauer Hotel, der fälschlicherweise unter Mordverdacht gerät. Wie er da wieder rauskommt, das ist ein echtes Hans-Albers-Stück. Brigitte Horney, Gusti Huber, Käthe Dorsch, Aribert Wäscher, Alexander Engel, Hans Leibelt, Paul Westermeier und Rudolf Schündler hießen Albers' renommierte Partner. Und da war noch ein junger Mann, der seine Karriere gerade erst begonnen hatte: René Deltgen (als Schuwalow). Bei der Premiere im April 1936 in der »Schwäbischen Urania« von Stuttgart gab es großen Jubel.

Unter heißem Himmel hatte neben Hans Albers eine sehr ähnliche Besetzung wie der *Savoy*-Film: Aribert Wäscher, Hans Leibelt, Alexander Engel und auch René Deltgen waren wieder mit dabei. Es war ein Film, in dem Albers eigentlich gar nicht mitspielen wollte. Nicht, daß ihm der Stoff mißfallen hätte – der war für ihn maßgeschneidert: Ein Kapitän gerät in einen Waffenschmuggel und muß durch kühne Taten für sich und seine Geliebte (Lotte Lang) ums Leben kämpfen. Aber Albers war »filmmüde« geworden – wollte sich eine Ruhepause »von mindestens einem halben Jahr« gönnen. Der eigentliche Grund: Für *Unter heißem Himmel* mußte er kreuz und quer durch Südeuropa reisen: Athen,

Belgrad, Budapest, und dazu hatte er nur wenig Lust. »Dieses Herumzigeunern muß mal aufhören«, sagte er zu Gustav Ucicky, »ich kann án Hotels keinen Reiz mehr finden.« Mit ein paar Ausnahmen natürlich: Wenn er in Hamburg war, dann hatte er im Hotel Atlantik immer seine »Spezial-Suite«, in der bereits seine Marke Cognac und die richtigen Zigarren auf ihn warteten. Auch im Münchner Vierjahreszeiten und im Stuttgarter Parkhotel wurde er wie ein alter Bekannter empfangen. Aber jetzt – im Sonderzug Tausende von Kilometern durch die Gegend kariolen – nein, danke, meine Herren, ohne mich.

Daß er dann schließlich doch noch nachgab, war seinen Freunden zu verdanken, die in diesem Film mit ihm spielen sollten. Sie machten ihm mit Versprechungen auf gemütliche Abende und schöne Erlebnisse den ewig durstigen Mund wäßrig – und Albers unterschrieb doch noch. Es sollte eine Arbeit werden, von der Albers noch lange schwärmte: »Selten hat mir das Drehen so viel Spaß gemacht. Noch nie waren wir über eine so lange Zeit in Hochform.« Die Dreharbeiten meinte er allerdings nicht – vielmehr die Streiche, die er mit Aribert Wäscher und Alexander Engel »so ganz nebenbei« ausheckte. Einer dieser typischen Albers-Späße: In Bukarest hatte es sich herumgesprochen, daß Hans Albers im Land war. Auch in der rumänischen Metropole war der deutsche Schauspieler ein Star. Vor seinem Hotel warteten die Autogrammjäger. Als sich Albers eines Morgens verspätet hatte und schon längst am Drehort sein sollte, tat er etwas, was er sonst nie getan hätte: Er entwich durch den Hinterausgang des Hotels. Doch auch dort erwischte ihn eine Bewunderin. Albers konnte sich nicht mehr aufhalten lassen und beantwortete ihre Frage, ob er denn nicht dieser berühmte Schauspieler sei, mit der Antwort: »Mensch, Mädchen, warte noch fünf Minuten, dann kommt der Albers. Momentan werden in Berlin fünf Autogramme von mir gegen einen Albers getauscht.« Dann war er schon weg.

1937 folgte ein Albers-Film, den nicht wenige für seinen besten halten: *Der Mann, der Sherlock Holmes war.* Warum dieser

»Die gelbe Flagge« (1937), mit Olga Tschechowa.

Film ein so durchschlagender Erfolg wurde? Eine Berliner Zeitung vermutete folgendermaßen: »Albers hat Mut, sich selbst ein bißchen auf den Arm zu nehmen, was nur ein überlegener Schauspieler fertigbringt. Die Distanz, die er zu seinen Helden-Rollen gelegt hat, tut ihm auffallend gut. Immer ist ein Augen-

»Der Mann der Sherlock Holmes war« (1937), mit Heinz Rühmann und Siegfried Schürenberg (von links).

zwinkern dabei, wenn er den »Weltmeister der Detektive« mimt, fast schon eine Persiflage auf Hänschen Albers von Hans Albers.«

Aber nicht unerwähnt sei, daß es auch wohl die Filmpartnerschaft mit Heinz Rühmann war, die diesen so spritzigen Komödianten-Krimi zu einem Film-Klassiker werden ließ. Die beiden paßten so gut zueinander, daß ihnen stapelweise Drehbücher angeboten wurden, die sie wieder gemeinsam vor die Kamera bringen sollten. Doch Albers lehnte ab: »Ich bin nun mal ein Einzelgänger.« Neid auf den anderen – wie einige vermuteten – war es jedenfalls nicht, warum Albers und Rühmann lediglich in drei Filmen Partner wurden.

Bei *Der Mann, der Sherlock Holmes war* stimmte einfach alles. Der Regisseur: Karl Hartl. Die Musik: Hans Sommer (»Jawoll, meine Herrn, so haben wir es gern, von heut' an gehört uns die Welt«). Die Darstellerliste: Marieluise Claudius, die schon als Solveig in *Peer Gynt* neben Albers gespielt hatte, Hansi Knoteck, Hilde Weissner, Siegfried Schürenberg, Paul Bildt und Ernst Waldow. Und nicht zuletzt das Drehbuch von R.A. Stemmle:

Die berühmte Mauritius-Briefmarke, die auf einer Weltausstellung gezeigt werden sollte, ist verschwunden. Sherlock Holmes (Hans Albers) und sein Freund Dr. Watson (Heinz Rühmann) machen sich auf die Suche. Dabei treffen sie die Nichten des berühmten Professors Berry, der von ihnen als Fälscher entlarvt werden soll. Sie verlieben sich in Mary (Marieluise Claudius) und Jane (Hansi Knoteck), aber ihr Verdacht gegen den Onkel läßt das richtige Glück nicht aufkommen. Nach vielen Irrungen und Verwirrungen geraten Holmes und Dr. Watson in die Hände einer Ganovenbande und schließlich auch in den Verdacht, gar nicht die berühmten Detektive, sondern ganz gemeine Gauner zu sein. Eine Gerichtsverhandlung bringt es an den Tag: Die beiden sind wirklich nicht Holmes und Watson. Sie sind englische Privatdetektive, die sich in der Kostümierung der berühmten Literatur-Kriminalisten einen guten Werbe-Gag erhofften. Aber da sie schließlich die Mauritiusmarke wiedergefunden haben, gehen sie straffrei aus. Bedingt straffrei – denn Mary und Jane wollen die Detektive lebenslänglich verhaften.

Dieser so launige Stoff schlägt beim Publikum voll ein. »Hanne,

»Der Mann, der Sherlock Holmes war« (1937), mi. Heinz Rühmanr.

wo haste denn deene karierte Mütze?« wird Albers in Berlins Straßen angehauen. »Die hab ick ins Pfandhaus jebracht«, witzelte er zurück, »ick bin nämlich von'n Meechen versetzt worn.«

Ein Phänomen zeigte sich in *Der Mann, der Sherlock Holmes war* besonders deutlich: Hans Albers, nun schon Mitte der Vierziger, konnte immer noch eine Art Lausbub spielen – und das Publikum nahm es ihm dankbar ab. »Das ist doch keine Frage des Alters«, protestierte Albers halb-komisch jedesmal, wenn er darauf angesprochen wurde, »ich bin da so 'ne Art Spätlese. Wenn man erst mit über dreißig an die schönen Filmrollen rankommt, kann man das eben nicht ändern.«

Nach *Die gelbe Flagge,* in dem Albers unter der Regie von Gerhard Lamprecht einen ehemaligen Flieger spielte, der zu einer Expedition aufbricht, aber unter Quarantäne genommen in einen Buschkampf verwickelt und vor die Wahl zwischen zwei Frauen (Olga Tschechowa, Dorothea Wieck) gestellt wird, feierte er im Dezember 1938 gleich mit zwei seiner Filme Premiere: *Fahrendes Volk* und *Sergeant Berry* – zwei sehr unterschiedliche Lichtspiele.

In *Fahrendes Volk,* einer deutsch-französischen Gemeinschaftsproduktion, kam auf Albers eine ganz neue Rolle zu: Zum erstenmal spielte er eine Vaterrolle. Wenn schon, denn schon: Sein Filmsohn (der begabte Nachwuchsschauspieler Hannes Stelzer) war bereits erwachsen. Die Barriere zum reiferen Mann, den er endlich nun auch im Film spielen durfte, war überschritten. »Das eröffnet mir die reizvollen Möglichkeiten, endlich Rollen spielen zu können, die mir bisher Produzenten nicht geben wollten, weil meine Masche so sehr auf jung getrieben war.«

Hans Albers spielt in *Fahrendes Volk* einen Mann, der aus dem Gefängnis ausgebrochen ist. Er flieht zu seiner Frau, die als Dompteuse in einem Zirkus arbeitet. Dort trifft er auf seinen Sohn Marcel, der keine Ahnung hat, daß Fernand sein Vater ist. Doch die Vergangenheit kann der ehemalige Sträfling nicht hinter sich lassen. »Freunde« aus seinen Zuchthaus-Tagen haben ihn aufgespürt und wollen ihn dazu überreden, den Zirkus zu überfallen und die Kasse zu rauben. Als er versucht, den Raubüberfall zu verhindern, wird er von der Polizei erschossen. Er hat wenigstens dafür sorgen können, daß seinem Sohn das Schicksal eines Kriminellen erspart bleiben wird, dem er sein Leben lang nicht entrinnen konnte.

Regie führte Jacques Feyder, der sich seinen ersten Ruhm in Amerika erworben hatte, wo er mit der Garbo *Der Kuß* und *Anna Christie* gedreht hatte. Feyder engagierte für die Rolle der Dompteuse seine Frau, die renommierte französische Schauspielerin Françoise Rosay, die schon in frühen Jahren ihrem Mann nach Hollywood gefolgt war und dort ebenfalls reüssierte. Françoise Rosay war in *Fahrendes Volk* die erste Partnerin von Hans Albers, die auch seinem Alter ebenbürtig war: Zuvor hatte Albers immer Partnerinnen bekommen, die wesentlich jünger gewesen waren – oder zumindest schienen – als er. Doch in diesem Film kam es nicht darauf an, Albers als unwiderstehlichen Liebhaber zu zeigen, geschweige denn als Hoppla-jetzt-komm-ich. Sein ganzer Einsatz als Charakterschauspieler war gefragt – und diesem Anspruch konnte er vollends gerecht werden. Ein Kritiker schrieb kurz vor der Premiere: »Ich wage jetzt schon zu behaupten, daß *Fahrendes Volk* nicht zu den Lieblingsfilmen des Kinopublikums gehören wird. Wie soll er denn auch – wenn Albers plötzlich als Vater erscheint, große Niederlagen einstecken muß und die Frau an seiner Seite von so resoluter Persönlichkeit ist, daß Albers sich ihr unterordnen muß? Aber dies alles mag ein Publikum verstimmen, den professionellen Beobachter des Films stimmt es zufrieden. Albers hat gezeigt, daß er sich in kein Klischee zwängen läßt – und hat mit dieser Darstellung auch all diejenigen seiner Filme aufgewertet, in denen er den unbekümmerten Hallodri spielte. Dieser Schauspieler tat einen tiefen Griff in die Kiste . . .«

In *Sergeant Berry* schwenkte Albers wieder zu seinem Draufgängerimage um: Er spielt einen Polizisten, der an der amerikanisch-mexikanischen Grenze eine Schmugglerbande erledigt und gleich auch noch einen großen Gangsterboß verhaftet.

Herbert Selpin hatte diese Krimi-Komödie mit geradezu slapstickartigen Einlagen versehen und ließ Albers alle seine Register ziehen. Auffallend dabei war, daß kaum jemand von der gewohnten »Albers-Crew« dabei war: Herma Relin, Peter Voss, Werner Scharf, Alexander Golling oder Edwin Jürgensen hießen die Partner, die man zuvor noch auf keiner Besetzungsliste für einen Albers-Film gesehen hatte, die aber künftig häufig zum »Stamm« gehören würden.

Wasser für Canitoga wird der ganz große Erfolg für Hans Albers. Dieser Film hat alle Ingredienzien, mit denen Albers-Filme für das Publikum zubereitet werden: Draufgängertum, verwegene Abenteuer, Liebesgeschichten en gros, einen Sieger, der sogar sein Leben hergibt, um für eine gerechte Sache einzustehen – und ein Lied, das bald in Deutschland überall gepfiffen und gesungen wurde:

Good bye, Jonny, good bye, Jonny,
schön wär's mit uns zwei'n.
Aber leider, aber leider, kann's nicht
immer so sein.
Good bye, Jonny, good bye, Jonny,
mach mir's nicht so schwer,
ich muß weiter, immer weiter,
meinem Glück hinterher.

Keiner konnte dieses Lied von Peter Kreuder so singen wie der Hans Albers. Nein, singen wäre vielleicht der falsche Ausdruck. Es war mehr eine Art Sprechgesang mit gelegentlichen Singversuchen, aber wie Albers das so interpretierte, worauf er die Betonung legte, wie er kleine, schmerzvolle Gluckser durch die Kehle holpern ließ – das war unnachahmlich. Hatte der Volksschauspieler Hans Albers bei den Zuschauern schon alles erreicht, er wurde vielleicht nur noch vom Volkssänger Hans Albers übertroffen. Wenn der Hanne ein Lied schmetterte – da wackelten die Wände. Ob er nun von der Sehnsucht zum Meer sang oder von der Liebsten, die er verlassen mußte – es blieb kein Auge

»Wasser für Canitoga« (1938), mit Hilde Sessak.

»Wasser für Canitoga« (1938)

trocken. Da gab's nur eines: Mitsingen und mitschunkeln. Der große »Liliom«, als den sich auch Albers im Privatleben verstand, hatte den Rummelplatz, der da Kintopp-Parkett hieß, fest in der markigen Hand.

Wasser für Canitoga war einer aus einer Reihe von fünf hintereinander gedrehten Filmen Albers' mit Regisseur Herbert Selpin »Er ist der Mann, dem ich wohl die Höhepunkte meiner Filmlaufbahn zu verdanken habe«, gestand Albers später. Und doch konnte er nicht verhindern, daß Selpin später wegen politischer Äußerungen, die nicht im Sinne der Nazis waren, verhaftet wurde und sich am 31. Mai 1943 das Leben nahm.

Ein Mann auf Abwegen hieß 1939 die Zusammenarbeit

»Ein Mann auf Abwegen« (1939), mit Hilde Sessak.

Filmprogramm

zwischen Selpin und Albers; Werner Fütterer, Charlotte Thiele, Hilde Sessak, Hilde Weissner, Gustav Waldau, Peter Voss und Werner Scharf waren die Partner: Ein Millionär hat genug vom Luxusleben und geht unter einem Pseudonym als Habenichts auf Reisen. Dabei erlebt er natürlich die schönsten Abenteuer, lernt eine berühmte Sängerin kennen und lieben, verdient sich sein Geld als Kellner und Chauffeur, bis er wieder in seine Millionen-Villa zurückkehrt, mit Braut und neuer Lust aufs Luxusleben. Ein Strickmuster wie gehabt.

Der Krieg hatte begonnen. Polen war gefallen und die Machthaber in der Reichskanzlei wollten »den totalen Krieg«. Hansi Burg war längst über die Grenze in die Schweiz entflohen, und Albers wurde in Berlin als der größte Star gefeiert, dem vielleicht nur einer das Wasser reichen konnte: Harry Piel. Die Reichsfilmkammer hatte nun die Aufgabe, dafür zu sorgen, daß alle Filme den Intentionen des Reichspropagandaministeriums entsprachen. Die Nazi-Größen ließen sich gerne mit den Filmstars fotografieren – ein Foto von Albers mit Hitler, Goebbels oder Göring gibt es indes nicht. »Otto-Otto« mied sogar das Theater, weil er nur zu gut wußte, daß nach der Vorstellung gern die Parteibonzen in die Künstlergarderobe strömten, um sich dort mit den Gefeierten ablichten zu lassen, was am nächsten Morgen in allen Zeitungen nicht zu unterschätzende propagandistische Wirkung zeigte.

Auch die vielen Einladungen zu Banketts und Soirées schlug Albers aus. Lieber ging er weiterhin in seine Bierkneipen und gemütlichen Restaurants, wo es ihm an interessanten Gesprächspartnern nie fehlte: seinem Publikum. Jeder Wirt in Berlin kannte sein berühmtes Zeichen mit dem Zeigefinger: Whisky – und zwar das Glas gestrichen voll. Jetzt, wo Hansi Burg nicht mehr in seiner Nähe war, widmete sich Hanne wieder mehr seinem alten Hobby: das letzte Glas wird genommen, wenn die ersten Sonnenstrahlen über Berlin stehen. Seine Vergnügungssucht in Permanenz erklärte Hubert von Meyerinck so: »Er konnte einfach nicht allein sein. Kam der Abend, hängte er sich ans Telefon und

»Trenck, der Pandur« (1940), mit Sybille Schmitz.

mobilisierte seine Clique. Jeder wußte, was das bedeutete: Du kommst erst morgen früh wieder ins Bett.«

Hatte Albers in *Ein Mann auf Abwegen* noch den Vater einer großen Tochter gespielt, so machte er für *Trenck der Pandur* gleich wieder eine Verjüngungskur: er spielte den jungen Trenck, aber auch den alten Trenck. Dieser Baron war ein reiner Teufelskerl, schlug sogar Österreichs Kaiserin Maria Theresia ein Schnippchen, verwirrte die Russen genauso wie die Franzosen und holte sich schließlich eine richtige Prinzessin auf sein Schloß,

»Trenck, der Pandur« (1940), mit Oskar Sima.

nachdem er alle Kämpfe selbstverständlich zu seinen Gunsten ausgefochten hatte.

Weitere Mitwirkende in diesem Mantel- und Haudegen-Stück: Käthe Dorsch (als Maria Theresia), Sybille Schmitz (als Prinzessin Deinartstein), Elisabeth Flickenschildt, Hans Nielsen, Oskar Sima, Peter Voss und Hubert von Meyerinck.

Und natürlich mußte ein solches Mannsbild wie der Baron von Trenck auch ein verwegenes Lied mitsingen (nach der Musik von Franz Doelle):

Wir sind die Trenckschen Panduren,
die Pandi-, die Panda-, die Panduren,
Wir saufen jeden Becher leer,
wir raufen uns um unsre Ehr,
wir reiten wie der Blitz an den Feind heran,
wir streiten bis zum letzten Mann.
Wir sind die Trenckschen Panduren –
die Pandi-, die Panda-, die Panduren.

Hauptsache, es reimte sich.

Als letzten Film unter der Regie von Herbert Selpin drehte Albers *Carl Peters,* ein Streifen, der klar gezielt auf die Interessen der Nazis produziert wurde: Deutschland und seine Kolonien – Lebensraum für das deutsche Volk. Dr. Carl Peters, ein Forscher macht sich nach Afrika auf und erobert im Osten des schwarzen Erdteils Kolonien für die Deutschen. Kaiser Wilhelm I. (Dr. Rolf Prasch) und Bismarck (Friedrich Otto Fischer) danken es ihm und zeichnen ihn mit höchsten Orden aus. Aber dann kommt es zu einem – vom englischen Geheimdienst inszenierten – Skandal, und Peters wird aus den Diensten des Kaisers entlassen. Erst später stellt sich seine »Unschuld« heraus.

Wie das Ganze verkauft wurde, entnimmt man am besten einem Text des *Illustrierten Film-Kurier,* der den politischen Zeitgeist jener Tage im Jahre 1941 widerspiegelt. Da heißt es unter anderem: »Das Finale des Films wird zeigen, wie der weitsichtige und tatkräftige deutsche Kolonialpionier Carl Peters in seinen Tagebuchblättern die folgerichtige Entwicklung der politischen Machtkämpfe voraussieht, und wie ihm schon damals die große Auseinandersetzung des um seinen Lebensraum kämpfenden Deutschland mit dem Weltbedrücker England naturbedingt erschien. So schlägt sich die Brücke aus der Lebensarbeit des Dr. Peters mitten in die politische Wirklichkeit unserer Tage.« Ende des Originaltextes. Die Propagandamaschinerie hatte für den Kintopp ein neues Machwerk kreiert.

»Carl Peters« (1941); in der Titelrolle.

Warum Hans Albers in einem solchen Streifen mitspielte? Wir zitieren noch einmal Hubert von Meyerinck: »Der Hans war so unpolitisch geblieben, wie es ihm nur möglich war. Er hatte viele Stoffe abgelehnt, die ihm zu sehr mit Hakenkreuz und Paradeschritt zu tun hatten. Aber alles konnte er nicht verweigern. Da erschien ihm *Carl Peters* noch als ein geringeres Übel, weil er diese Rolle mehr im Stil von Albers als im Sinne des Propagandismus anlegen wollte.« Daß Albers dieses nur unzureichend gelingen konnte, wurde ihm schon bei den Dreharbeiten bewußt, denn ständig erhielt das Film-Team Besuch »von ganz oben« – sprich: Überwachung.

Und das hieß: strenge Erfüllung von Ernst von Salomons Drehbuch.

Nach der höchst unerfreulichen Arbeit an *Carl Peters* – der Film wurde von den Alliierten später auf deren schwarzen Liste gesetzt – erreichte Albers mit seinem nächsten Film zweifellos den Höhepunkt seiner filmischen Tätigkeit während der vierziger Jahre: *Münchhausen.* Aus Gründen ihres 25jährigen Bestehens wollte die UFA einen Monumentalfilm entstehen lassen, wie ihn Deutschland noch nicht gesehen hatte. Daß Albers die Hauptrolle übernehmen mußte, war Ehrensache. Nur: Welchen Stoff sollte man benutzen? Da kam einer der Produzenten auf die Idee, Gottfried August Bürgers 1787 geschriebenes Werk über die tollen Abenteuer des Barons von Münchhausen auf den Farbfilm zu bannen – und ein gewisser Berthold Bürger sollte für Regisseur Josef von Baky das Buch liefern. Daß sich hinter diesem Autoren-Pseudonym kein anderer als der mit Schreibverbot belegte Erich Kästner verbarg, störte damals die NS-Filmschaffenden wenig. Für den großen Star-Film brauchte man einen Star-Schreiber, basta! Die Schizophrenie ihres Denkens und Handelns war auf die Spitze getrieben. Doch hier zählte nur der Erfolg – und sonst gar nichts.

Und *Münchhausen* wurde ein wahrhaft bombastischer Erfolg. Neben Hans Albers durfte nur das Beste vom Besten auftreten: Michael Bohnen, Hans Brausewetter, Käthe Haack, Brigitte

Horney, Ferdinand Marian, Leo Slezak, Hermann Spelmans, Hubert von Meyerinck, Hilde von Stolz, Ilse Werner und Gustav Waldau hieß das Staraufgebot.

Fast ein Jahr dauern die Vorbereitungen für den größten deutschen Film – der auch bester deutscher Farbfilm für lange Zeit bleiben sollte –, danach neun Monate Drehzeit. Albers hatte schon die Fünfzig überschritten, aber er legte sich noch einmal ins Zeug, als ob es um sein Leben – oder zumindest seine Karriere – ginge, wußte er doch: »Der Münchhausen ist eine Rolle, die man nur einmal in seinem Leben bekommt. In diesen Tagen brauchen die Leute eine Aufmunterung – und die will ihnen der olle Albers geben.« Also stand er vor der Kamera und machte seinen berühmten Satz auf der Kanonenkugel – während in Stalingrad bereits die aussichtslose Schlacht tobte –, also sprang er in voller Montur vom Kirchturm (der im Film-Atelier nur sieben Meter hoch war) – während man heimlich bei »Radio England« erfahren konnte, daß alles dem Ende entgegenging. Doch es sollte noch lange, viel zu lange dauern, bis dieser Weltkrieg sein bitteres Ende fand – und so hatten die Filmemacher jener Tage dem deutschen Film erst einmal Unterhaltung – also Ablenkung – verordnet. Und der *Münchhausen* sollte dieser Vorstellung in höchster Qualität entsprechen, dank einem Autor, der eigentlich verboten war, einem ungarischen Regisseur und Hans Albers, dessen unverblümte Bemerkungen über die Reichsfilmkammer und das Reichspropagandaministerium immer häufiger ins Gerede kamen.

Münchhausen wurde mit einem Millionen-Aufward gedreht – Albers allein kostete schon 360000 Mark Gage. Kulissen und Kostüme, Drehort in Venedig und Materialschlacht im Atelier – nichts war zu teuer, nichts konnte die UFA-Verantwortlichen davon abhalten, hier ihr »größtes Ding« zu drehen. Während bei allen anderen Produktionen schließlich der Rotstift angesetzt wurde, schwelgte man bei *Münchhausen* im Aus-vollen-Taschen-bedienen. Münchhausen in Petersburg, Münchhausen in Konstantinopel, Münchhausen beim guten Mann im Mond – das

Märchen konnte seinen Lauf nehmen. Als am 5. März 1943 im UFA-Palast in Berlin Premiere gefeiert wurde, war Stalingrad bereits verloren. Doch für zwei Kinostunden wurde den Menschen die Angst um die Zukunft genommen, durften sie sich an großer Kulisse berauschen und Hans Albers zujubeln wie nie zuvor. Zum erstenmal feierte ein Albers-Film im Zweiten Weltkrieg in Deutschland Premiere.

Die Wirrnisse des Krieges – und besonders des letzten Kriegsjahres – sollte Albers noch einmal erleben, als er zu einem neuen Projekt ansetzte, das sein bestes überhaupt werden sollte: *Große Freiheit Nr. 7*. Die Idee zu diesem Film wurde ursprünglich vom Propagandaministerium ausgeheckt: Man brauchte einen deutschen U-Boot-Film, in dem die deutsche Marine glorifiziert wurde. Helmut Käutner, der Regisseur, der mit *Romanze in Moll* soviel Erfolg hatte, sollte ihn drehen. Doch Käutner war nicht wohl bei dem Gedanken, einen Durchhaltestreifen zu erstellen, und er schaffte das scheinbar Unmögliche, dafür einen sogenannten »seichten Stoff« beim Propagandaministerium durchzubringen: Der Seemann Hannes (Hans Albers) nimmt ein junges Mädchen (Ilse Werner) bei sich auf und verliebt sich in seine hübsche Untermieterin. Zur Zeit hat er nur Arbeit in einem Hippodrom auf St. Pauli, wo er sich als Sänger und Stimmungskanone betätigt. Doch Hannes verliert das Mädchen Gisa an einen jungen Werftarbeiter namens Willem (Hans Söhnker) und geht an Bord eines Schiffes, um auf großer Fahrt zu vergessen: *La Paloma, ohe . . .*

Geplant waren die Aufnahmen an Originalschauplätzen in Hamburg. Käutner, der sein Drehbuch *Große Freiheit* in *Große Freiheit Nr. 7* umtaufen mußte, weil die Nazi-Propagandisten sonst erhebliche Mißverständnisse befürchteten, hatte sich die Kulisse von St. Pauli genau unter die Lupe genommen. Ja, hier paßte sein Hans Albers gut hin. Im dicken Rollkragenpullover, mit der Schippermütze auf dem blonden Haar und dem Schifferklavier vor dem Bauch – das mußte ja ein Erfolg werden.

Nur mit einem hatte Käutner nicht gerechnet: Mit Albers'

Karikatur aus den vierziger Jahren.

»Große Freiheit Nr. 7« (1944), mit Hilde Hildebrand.

Vergnügungssucht, die ihn stets ergriff, wenn er nach Hamburg kam. Da gab es so viele Freunde zu sehen, die genauso durstig waren wie er, da mußten wieder mal alle alten Kneipen abgeklappert werden, und der letzte Drink wurde im Morgengrauen im Hamburger Hafen genommen. Der Erfolg: Albers verschlief gern den Drehbeginn und kam mit schweren Schatten unter den blauen Augen zum Drehort. Käutner stellte seinen Star schließlich zur Rede – und Albers gelobte Besserung: »Da werd' ich gleich vom Hafen vor die Kamera gehen, ohne meine Mütze voll Schlaf, und der Gesichtsverschönerer muß mir eben noch'n bißchen mehr Papp draufschmieren.« So war er nun mal – und

»Große Freiheit Nr. 7« (1944), mit Gustav Knuth und Günther Lüders.

so akzeptierte ihn Käutner auch schließlich: »Ich merkte, daß ihn das ganze Team mochte. Es war damals schwer genug, einen Film zu drehen – und der Albers konnte alle bei Laune halten. Das durfte man nicht unterschätzen.« Besonders dick angefreundet hatte sich der Star mit Gustav Knuth und Günther Lüders. Die drei wurden in Hamburg fast unzertrennlich. Knuth führte mit Albers offene Diskussionen über die Politik, und mehr als einmal liefen sie Gefahr, von einem ungewollten Zuhörer »verpötzt« zu werden (wie es Albers nannte).

Hamburg zeigte sich als sehr schwieriger Drehort. Kaum hatte man mit dem Drehen begonnen, gab es Fliegeralarm. Plätze, die als Kulisse ausgesucht worden waren, bestanden schon ein paar Minuten später nicht mehr – oder zumindest *so* nicht mehr. Ruinen durften nicht gefilmt werden – ein strikter Befehl der Reichsfilmkammer – und die riesigen Hafenkreuzflaggen im Hamburger Hafen wollte das Team unter Käutner nicht drehen. Also beschloß man, »umzuziehen«. Auf dem Studiogelände der Tempelhofer UFA-Ateliers wurde die »Große Freiheit« naturgetreu nachgebaut – aber auch dieses Glück währte nicht lange: diese Kulisse wurde ebenfalls ausgebombt. Schließlich entschloß sich Käutner, nach Prag zu gehen und dort noch mal die teuren Kulissen entstehen zu lassen. In Prag konnte man damals noch filmen – und fast alle Produktionen wichen dorthin aus. Hier wurde *Große Freiheit Nr. 7* dann schließlich auch fertiggestellt.

Die glücklichen Filmleute hatten ihre Rechnung aber ohne Admiral Dönitz gemacht. Auf Geheiß von Goebbels sah er sich den fertigen Streifen an und befand: So könne man das nicht auf die Zuschauer loslassen. Sein Argument: Albers trank in dem Film in der Rolle des Seemanns Hannes einen ganz schönen Stiefel – und das galt nun mal als wehrkraftzersetzend. Eine traurige Stilblüte aus den letzten Tagen des deutschen Nachkriegsfilms.

Es wurde lediglich die Erlaubnis ausgesprochen, den Film zur »Truppenbetreuung« vorzuführen – da spielte offensichtlich Seemann Hannes' Rumkonsum keine negative Rolle. Also geschah das Kuriosum, daß *Große Freiheit Nr. 7* am 15. Dezember 1944 in Prag Premiere feierte – und das – durch einen Trick der Filmleute – durchaus nicht nur vor deutschen Soldaten. Doch den richtigen durchschlagenden Erfolg hatte der Film erst, als er im September 1945 in Berlin in die Kinos kam, soweit sie überhaupt noch vorhanden waren. Nun hieß er auch *Große Freiheit,* denn der Krieg war zu Ende, und niemand hatte mehr Angst davor, daß der Titel zu Mißverständnissen führen könnte.

Nach den Dreharbeiten zu diesem Käutner-Film war für Albers der Kriegseinsatz an der Film-Front noch nicht ganz vorüber. Es wurde noch einmal ein neues Projekt in Angriff genommen:

»Große Freiheit Nr. 7« (1944), mit Ilse Werner.

Shiva und die Galgenblume, ein Kriminalfilm, der im Milieu von Geldfälschern und Bilderdieben spielte. Alle Verantwortlichen mußten damals in den allerletzten Tagen des Krieges schon zumindest geahnt haben, daß es reichlich sinnlos war, noch einmal auf dem Prager Filmgelände anzutreten, um in schweren Zeiten leichte Unterhaltung zu produzieren. Aber es gab genügend Gründe, das Sinnlose doch anzupacken: Wer Beschäftigung beim Film fand, der wurde nicht an die »letzte Front« geworfen, der mußte nicht zum allerletzten Aufgebot ausrücken und konnte sich dem Zugriff der Militärs entziehen. Und es war ein stattliches Aufgebot, das Regisseur Hans Steinhoff nach Prag berief: Aribert Wäscher, Elisabeth Flickenschildt, Eugen Klöpfer, Heinz Moog, Grethe Weiser, Harald Paulsen, Carl Heinz Schroth, Hilde Hildebrand, Hubert von Meyerinck, Theodor Loos, Herbert Hübner, Willi Rose, Walter Gross. Und ein junger Schauspieler war mit von der »letzten Partie«, dessen große Filmzeit erst lange nach Kriegsende kommen sollte: Otto Wilhelm Fischer.

Regisseur Steinhoff trieb seine Mannschaft an, weil er als renommierter Durchhalteregisseur unbedingt das Projekt abschließen wollte. Aber als dann die Russen immer näher rückten, war er der erste, der sich absetzte. Er erwischte noch ein Flugzeug, das nach Spanien fliegen sollte. Aber die Maschine stürzte ab und begrub auch Steinhoff.

Hans Albers hingegen wartete buchstäblich bis zur letzten Minute in Prag. Erst dann ließ er sich von einer jungen Frau überreden, in ihren Wagen mit zurück nach Berlin zu fahren. Aber er blieb nicht lange in der untergehenden »Reichshauptstadt«, seine Wohnung in der Lennéstraße war ausgebombt (heute würde sie im Ostsektor der Stadt liegen). Also schlug sich Albers bis in den Süden durch und erwartete in seiner Villa in Garatshausen das Ende des Krieges.

Der blonde Hans

Es weht der Wind von Norden,
er weht uns hin und her.
Was ist aus uns geworden?
Ein Häufchen Sand am Meer.
Der Sturm jagt das Sandkorn weiter,
dem unser Leben gleicht,
er fegt uns von der Leiter,
wir sind wie Staub so leicht.
Was soll nun aus uns werden?
Es muß doch weitergeh'n,
noch bleibt ja Hoffnung für uns genug besteh'n.
Wir fangen alle von vorne an,
weil dieses Dasein auch schön sein kann.
Der Wind weht von allen Seiten,
na, laßt den Wind doch wehn,
denn über uns der Himmel,
läßt uns nicht untergehn.

Dieses Lied von Theo Mackeben wurde die große Melodie in Albers' erstem Nachkriegsfilm *Und über uns der Himmel.*

Doch es dauerte nach Kriegsende genau zwei Jahre, bis Hans Albers wieder vor einer Kamera stand. In der amerikanischen Zone, in der Garatshausen lag, bekamen deutsche Filmemacher erst spät Lizenzen.

Albers' Haus am Starnberger See sah damals einem wechselvollen Schicksal entgegen. Erst kamen die Franzosen und beschlagnahmten die Villa, dann waren es die Amerikaner, die sich in seinem Haus breitmachten. Albers selbst blieb jeweils nur ein Zimmer, in dem er bleiben durfte. Dann änderte sich aber eines Tages mit einem Schlag die ganze Situation. In einem amerikanischen Auto und gekleidet in eine US-Uniform erschien an der Haustür eine Frau, die Albers von früher kannte, und der er viel zu verdanken haben sollte: Marlene Dietrich, seine frühere Partnerin aus dem Bühnenlustspiel *Zwei Krawatten* und aus dem Film *Der blaue Engel.* Die Dietrich, wie man sie aufgrund ihres Starruhms jetzt zu nennen pflegte, hatte in Amerika eine Weltkarriere vor der Kamera gemacht, bis sie sich dann Ende der dreißiger Jahre der US-Armee zur Verfügung stellte. Und nun besuchte sie Hans Albers, den sie immer als einen »besonders lieben Kollegen« betrachtet hatte. Ein Anruf der Dietrich im amerikanischen Hauptquartier genügte, um die Albers-Villa von »fremden Gästen« wieder zu räumen. Albers revanchierte sich später häufig für ihre Hilfe, indem er Dietrich-Schmähungen, weil sie angeblich ihr Vaterland »verraten« habe, mannhaft entgegentrat: »Marlene Dietrich hat mir häufig erklärt, daß sie Hitler gehaßt, aber stets die Deutschen geliebt habe. Ihre Aktionen in der US-Armee waren lediglich gegen das deutsche Regime gerichtet – und das kann man doch nun wirklich nicht verurteilen.«

Und noch ein Besucher in US-Diensten erschien im Albers'schen Haus: Es war Hans Habe, der ebenfalls Deutschland hatte verlassen müssen, und der nun mit den Siegern zurückgekehrt war, um in München eine Zeitung entstehen zu lassen. Habe, mit dem Albers schon längere Zeit bekannt war, brachte eine für Albers sehr kostbare Fracht mit: einen Brief von Hansi Burg aus England. Es war das erste Lebenszeichen, das der Schauspieler von seiner Lebensgefährtin erhalten konnte. Habe später: »Albers war gerührt wie ein kleines Kind.« Es sollte aber noch gut ein Jahr vergehen, bevor Hansi Burg im offiziellen Auftrag der Engländer wieder nach Deutschland kommen konnte. Doch als sich Albers und seine Hansi in Berlin wiedertrafen, beschlossen sie, ihr weiteres Leben gemeinsam zu verbringen. Was sie auch taten.

Was die Arbeit anbetraf, so mußte Albers erst einmal eine längere Pause einlegen. Daß er dennoch in den schnell wieder frequentierbaren Kinos als Hoppla-jetzt-kommt-der-Hanne auftauchte, war dem Umstand zu danken, daß einige seiner Filme wie *Große Freiheit Nr. 7* und *Mord im Savoy* schon Ende 1946 wieder in deutschen Kinos zu sehen waren. (Andere wie *Carl Peters* oder *Flüchtlinge* blieben von den Alliierten verboten, *Münchhausen* konnte erst später – und nach einigen Schnitten –

»Und über uns der Himmel« (1947), mit Ralph Lothar.

wieder gezeigt werden). Und die Menschen strömten ins Kino wie eh und je. Manchmal konnte das Eintrittsgeld schon mit einer Zigarette beglichen werden – und was war das denn schon gegen die Ablenkung, die man in diesen schweren Zeiten so nötig hatte?

Nein, der »Otto-Otto« geriet keineswegs in Vergessenheit. Karl Heinz Martin, Prinzipal des Hebbel-Theaters in Berlin, war der erste, der ihn »zurück zur Arbeit« rief. Albers sollte die Rolle spielen, die sein Leben lang zu seinem Paradestück auf den Theaterbrettern sein sollte: den *Liliom* von Franz Molnàr, den die

»Und über uns der Himmel« (1947), mit Lotte Koch und Paul Edwin Roth.

Und über uns der Himmel (1947), mit Heidi Scharf.

Nazis verboten hatten und der jetzt am 25. April 1946 wieder umjubelte Premiere hatte: »Komm auf die Schaukel, Luise . . .« Friedrich Luft schrieb damals: »Wenn man das Theater nach Liliom verläßt, merkt man, daß einem der Mann und das Stück eine Spritze Auftrieb und Optimismus mitgegeben haben, die man, weiß Gott, brauchen kann . . . Berlin hat seinen Hanne wieder.«

Und auch der Film sollte ihn Mitte 1947 wiederhaben: *Und über uns der Himmel* – ein Film über einen Heimkehrer, der Schwarzmarktgeschäfte macht und auf die schiefe Bahn gerät.

»Und über uns der Himmel« (1947), mit Marianne Lutz.

Aber nach all seinen Abenteuern als Schieber gerät er doch wieder auf die richtige Bahn. Josef von Baky, der schon in *Münchhausen* Regie geführt hatte, überredete Albers zu seinem Nachkriegs-Filmdebüt. Albers wußte sehr wohl, daß dieser Trümmerfilm ihm kaum Lorbeeren einbringen würde, denn seine Rolle als versagender Mensch war zu weit neben seiner Linie als Draufgänger und strahlender Sieger angelegt – aber er willigte trotzdem ein, weil er sich mächtig auf die Arbeit freute. Und überhaupt: Strahlende Sieger hatte der deutsche Film jener Tage nun wirklich nicht zu verkaufen – mit welchem Grund auch?

Albers, der damals genauso wenig wie jeder andere die Zukunft des deutschen Films voraussagen konnte, hatte sich schon in jenen Berliner Tagen gegenüber Freunden geäußert: »Der große Lieb-

»Münchhausen« (1942): in der Titelrolle.

Oben: »Münchhausen« (1942); in der Titelrolle.

Links: »Der berühmte Ritt auf der Kanonenkugel« (Münchhausen, 1942)

»Münchhausen« (1942), mit Ilse Werner.

haber und Deubelskerl is nun nicht mehr so ganz meine Sache. Ich fürchte, ich muß jetzt doch mal im Altenfach vorbeischauen, wo die Meechens immer lieber mit der Jugend flirten ...« So ganz unrecht hatte er natürlich nicht – Kunststück, denn er ging flott auf die Sechzig zu. Aber, was er damals nicht wissen konnte: Der stillere, der nachdenklichere Albers sollte zum großen Kino-Hit der Nachkriegszeit werden. Was keineswegs bedeutete, daß ihm auch dann noch genügend Hoppla-Rollen angeboten und von ihm gespielt wurden. Doch aus dem jungenhaften Charmeur Albers wurde ein gesetzterer Albers mit jungenhaftem Charme. Das Publikum akzeptierte ihn auch so mit jubelndem Beifall.

Auch der nächste »Albers« war mehr im dramatischen Fach angesiedelt: *Föhn,* ein Remake des 1929 von Arnold Fanck und G.W. Pabst gedrehten Stummfilms *Die weiße Hölle vom Piz Palü* (der in den ersten Jahren des Tonfilms auch vertont wurde). Das Thema: Ein Mann kommt nicht darüber hinweg, daß seine Frau in den Bergen von Lawinen getötet worden ist. Als ein junges Paar sich in die gleiche Gefahr begibt, rettet er die beiden und kommt dabei selbst ums Leben.

»Föhn« (1950), mit Liselotte Pulver.

»Föhn« (1950), mit Adrian Hoven.

Rolf Hansen war der Regisseur von *Föhn*. Die Aufnahmen fanden in München-Geiselgasteig und in der Schweiz statt. Hansen erinnerte sich: »Was Albers, immerhin nicht mehr so ganz jung, noch an Kraft aufbrachte, war schon sehr erstaunlich. Ich habe ihm häufig angeboten, ihm ein Double zu besorgen, aber er sagte immer wieder: »Das mach' ich doch wie einen Kinderklacks.«

In *Föhn* hatte Albers zwei junge Partner, die er in sein Herz schloß: Adrian Hoven und Liselotte Pulver, beide damals Nachwuchsschauspieler mit einem erheblichen »Bammel« vor dem großen Star. Doch nachdem die kesse Liselotte mit ihrem Jungmädchen-Charme alle Flirtversuche des ungebrochenen Draufgängers Albers erfolgreich abgewehrt hatte, wurden sie ein »Pfundsteam« (so die Pulver).

Da Albers nun schon zweimal hintereinander im Film »gestorben« war, mußte er auf dieses makabre »Abonnement« (Albers)

»Föhn« (1950), mit Antje Weissgerber.

noch eins draufsetzen: In *Vom Teufel gejagt* spielt er einen Arzt, der ein Serum gegen die Geisteskrankheit gefunden hat. Dieser Stoff hat aber einen Nachteil: er lähmt eine Zeitlang den Willen des Patienten. Der Arzt Dr. Blank nimmt an sich Selbstversuche vor, was dazu führt, daß er, solange die Spritze wirkt, Verbrechen begeht, die schließlich mit einem Mord enden. Als er dies entdeckt, nimmt er sich das Leben.

Albers in einer Art Dr. Jekyll-und-Mr.Hyde-Wahn? Das konnte ja dem Publikum nicht gefallen. Zwar bekam der Schauspieler für seine diffizile Rolle von der Kritik höchstes Lob, aber das Albers-Publikum war enttäuscht. Nein, als Mörder – wenn auch »nur« in Trance – wollte man »Otto-Otto« nun wirklich nicht sehen.

Auch in dem Film *Blaubart* wurde Albers die Mörder-Rolle noch nicht los, wenn auch das, was der französische Regisseur Christian-Jaque, Ehemann der Schauspielerin Martine Carrol, mit leichter Hand inszenierte, eine Komödie – oder eher ein Märchenstoff – war. Der Blaubart, von Albers gespielt, bringt seine Frauen um, bis er einem jungen Mädchen (Cécile Aubry) begegnet, deren Jungmädchen-Charme er unterliegt. In der französischen Fassung übernahm Pierre Brasseur, die Albers-Rolle.

Daß die Geschichte vom blutrünstigen Ritter Blaubart beim Publikum nicht ankam, lag kaum an der Besetzung: Neben Albers – mit Spitzbart und im mittelalterlichen Kostüm – spielten Lina Carstens, Ina Halley, Arno Paulsen und besagte Cécile Aubry als Aline. Und für Albers gab es ein Wiedersehen mit einem Mann, den er einst öffentlich geohrfeigt hatte: Fritz Kortner, seinem Partner aus dem Bühnen-Erfolg *Rivalen.* Kortner war während des Krieges nach Amerika gegangen und nun zurückgekehrt. Albers und er wurden zwar keine Freunde, aber sie achteten sich als Schauspieler – und das war auch eine Basis für Zusammenarbeit.

Zugegeben, keiner dieser bisher aufgezählten Nachkriegsfilme von Hans Albers war ein richtiger Erfolg. War Albers das, was man heute wohl als »out« bezeichnen würde? Nein, Albers

»Blaubart« (1951); in der Titelrolle.

Oben: »Nachts auf den Straßen« (1951)
Rechts: »Nachts auf den Straßen« (1951), mit Hildegard Knef.

hatte nur noch nicht wieder die richtigen Filme erwischt, hatte sich mit Drehbüchern herumzuschlagen, die mit seinem Typus, mit seiner Durchschlagskraft nicht viel anzufangen wußten. Da mußte erst ein Mann wie Helmut Käutner kommen (in Zusammenarbeit mit Fritz Rotter), der ihm etwas auf den Leib maßschneiderte, und ein Regisseur wie Rudolf Jugert, der ihn an der langen Leine spielen ließ: *Nachts auf den Straßen.* Es ist die Geschichte eines Fernfahrers, der einem jungen Mädchen (Hildegard Knef) begegnet und dabei in Gefahr gerät, ins Zwielichtige

»Nachts auf den Straßen« (1951), mit Wolf Ackva und Hildegard Knef.

abzurutschen. Eine Story wie geschaffen für Albers. In Lederjoppe, die Fernfahrermütze halbschräg auf dem Kopf, darf er wieder »eine Type aus dem Volk« (Albers) sein. Er beobachtete einige Tage Fernfahrer bei ihrer Arbeit, trank und redete mit ihnen, dann war er bereit – er hatte diesen Teufelskerl Heinrich Schlüter voll drauf. Mit seinen zwei Partnerinnen Lucie Mannheim (die seine Ehefrau spielt) und Hildegard Knef (als Mädchen Inge Hoffmann, das sich auf der schiefen Bahn befindet) war es – so Albers – »auch leicht, mal wieder den richtigen Coup zu landen«. Besonders mit Hildchen Knef, dem neuen weiblichen Star des deutschen Nachkriegsfilms (*Die Mörder sind unter uns, Film ohne Titel* und *Die Sünderin)* verstand er sich gut. Albers: »Sie hat so was, was auch 'nen alten Jahrgang ganz schwummerig macht.«

Bei den Premieren in Frankfurt und Berlin wurde »Otto-Otto« umjubelt, und auch Lucie Mannheim und Hildegard Knef bekamen von der Kritik höchstes Lob: »Ein Film wie eine Reportage – da ist nichts überzeichnet, da werden die Stilmittel verwendet, die uns das Leben in diesen Tagen bringt.« Und noch ein Mann nimmt an der Verbeugungstournée teil: Erich Pommer, einst großer UFA-Produzent, dann nach Amerika emigriert, schließlich als Filmoffizier der Amerikaner ins zerstörte

»Nachts auf den Straßen« (1951), mit Lucie Mannheim.

Deutschland zurückgekehrt und jetzt – für *Nachts auf den Straßen* – wieder als freier Produzent tätig. In der Hauptsache war es Pommer zu danken, daß Albers wieder eine so gute Rolle bekommen hatte. Er hatte sich die letzten Albers-Filme angeschaut und befunden: »Ich weiß, daß dieser Mann viel mehr kann. Man muß ihm nur das Richtige anbieten, dann werden die Leute auch glücklich das Kino verlassen.« Und so kam es dann auch.

Die nächsten vier Albers-Filme würden wieder ganz von dem Schlag sein, den »Otto-Otto« in seinen großen Vorkriegsfilmen selbst so deutlich mitgeprägt hatte: Im Mittelpunkt stand der Draufgänger und Herzensbrecher, inzwischen zwar älteren Semesters, aber immer noch von einem Charme, den ihm so schnell keiner nachmachte.

Käpt'n Bay Bay hieß der erste Streifen des leichten Genres –

»Käpt'n Bay Bay« (1952), mit Anneliese Kaplan.

»Käpt'n Bay Bay« (1952), mit Renate Mannhardt

und brachte gleich wieder ein Lied, das bald ganz Deutschland sang (Musik: Norbert Schultze, Text: Fritz Grashoff):

Nimm uns mit, Kapitän, auf die Reise,
nimm uns mit in die weite, weite Welt,
wohin geht, Kapitän, deine Reise?
Bis zum Südpol, da langt unser Geld.
Nimm uns mit, Kapitän, in die Ferne,
nimm uns mit in die weite Welt hinaus!
Kehrst du heim, Kapitän, fahr'n wir gerne,
in die Heimat zu Muttern, nach Haus.

Jawoll, meine Herrn, so haben wir es gern – so jubelte das Publikum. Die Geschichte des verwegenen – und nicht minder versoffenen – Kapitäns Bay Bay, seiner vielen Amouren und schließlich seiner glücklichen Fahrt in den Ehehafen – ja, das hatte alles, wonach sich das treue Albers-Publikum so lange gesehnt hatte. Sicher, der Stoff war nicht gerade sehr anspruchsvoll, und viele Gags kannte man schon aus früheren Albers-Filmen, aber das war es nicht, was zählte: »Otto-Otto« turnte wieder als Seemann über die Leinwand, trank alle unter den Tisch, und die Weibsbilder warfen sich ihm scharenweise an die so männliche Brust – der unverkennbare Albers, einer aus der guten, alten Zeit der ersten Tonfilm-Jahre. Nostalgie nennt man es wohl, was die Zuschauer bewegte. Und wieder war es Helmut Käutner, der als Regisseur für diesen Erfolg verantwortlich zeichnete – und eine Garde guter Schauspieler war mit von der See-Partie: Lotte Koch, Renate Mannhardt, Bum Krüger, Anneliese Kaplan, Rudolf Fernau, Carsta Löck und Fritz Rémond. Da konnte ja nichts schiefgehen. Jawoll, Herr Kapitän.

»Otto-Otto« war wieder obenauf. »Er ließ sich feiern wie ein Fürscht«, witzelte Hubert von Meyerinck, »und genauso benahm er sich auch häufig. Zuerst kaufte er sich mal einen Wagen, der blinken und blitzen mußte, damit auch ja alle Mädchen nach ihm schauten. Dann schmiß er in jeder Kneipe, in die er kam – und das waren nicht wenige – Runden. Von den Rechnungen, die er zahlte, hätte er sich gut und gerne damals eine ganze Gaststätten-Kette kaufen können. Aber er sagte nur: »Laß man, das Geld kriegen wir über die Kinokasse wieder rein«, und dann bestellte er schon die nächste Buddel.

Doch eines Tages sollte die geliebte Flasche Cognac nicht mehr schmecken, die Zigarren blieben in der Kiste: Hans Albers hatte sich eine Lungenentzündung zugezogen und mußte in ein Münchner Krankenhaus gebracht werden. Die Öffentlichkeit erfuhr erst davon, als Hanne wieder auf den Beinen war. So sehr er den Kontakt mit seinen Fans liebte – »großes Gemerge« um seine Person war ihm verhaßt. So betrachtete er die nicht ganz

»Jonny rettet Nebrador« (1953), mit Peter Passetti.

ungefährliche Krankheit auch lediglich als ein Wehwehchen, das er schließlich seinem Image als Kraftprotz schuldig – er glaubte es zumindest. Sein Garderobier Otto Sucrow, ebenfalls einer von Albers' Busenfreunden, konnte schon bald verkünden, daß es dem Schauspieler wesentlich besser gehe: »Er hat schon wieder »Idiot« zu mir gesagt.«

Eine längere Arbeitspause entstand durch die Krankheit von Albers nicht, da er, der Unermüdliche, die Lungenentzündung genau zwischen zwei Arbeiten an Filmen »gelegt« hatte. *Jonny*

»Jonny rettet Nebrador« (1953), mit Margot Hielscher.

rettet Nebrador war der eine. Rudolf Jugert, der mit Albers bereits *Nachts auf den Straßen* inszeniert hatte, drehte ihn nach dem Roman *Manuel erkennt seine Macht* von Karl Lerbs. Es geht in dieser Abenteuer-Komödie um einen General Oronta und einen Vagabunden Jonny (in der Doppelrolle: Hans Albers), die in einer kleinen Fantasie-Stadt für viel Aufregung sorgen und – selbstredend – zum Schluß ein wahrlich operettenhaftes Happy-End besorgen. Ein Berliner Kritiker schrieb: »Irgendwann wird man mal einen Film in allen Rollen nur mit Hans Albers besetzen. Die Drehbücher werden so auf ihn gemünzt, daß man sich fragen muß: Was tun denn da noch die anderen Schauspieler?« Nun, in *Jonny rettet Nebrador* gab es genügend andere Stars, die sich von der Albers'schen Wucht und seiner zweifellos beherrschenden Figur (hier sind es sogar zwei) nicht unterkriegen ließ: Margot Hielscher, Bum Krüger, Peter Pasetti, Trude Hesterberg, Franz Muxeneder, Rudolf Vogel, Fritz Benscher. Und für die Musik war – wie in so vielen Albers-Filmen – wieder Werner Eisbrenner verantwortlich:

»Jonny rettet Nebrador« (1953); als Jonny.

»Jonny rettet Nebrador« (1953), mit Margot Hielscher.

So wie der Wind durch die Prärie
treiben wir durch das Land,
irgendein Baum ist unser Dach,
unser Bett sind Gras und Sand.
Unter dem Kreuz des Südens
wohnt überall das Glück.
Und wenn das Lagerfeuer brennt,
wenn die Sterne wir sehn,
ist die Welt so schön.

Albers-Atmosphäre in Reinkultur. Und im darauffolgenden Film *Auf der Reeperbahn nachts um halb eins* – Albers hatte dazwischen noch ein Gastspiel in dem Musikfilm *An jedem Finger zehn* gegeben – sollte es noch deftiger kommen: Da konnte er wieder einen Seemann von echtem Rum und Korn mimen, konnte reihenweise Lieder singen und so recht die Damen beschäkern.

Auf der Reeperbahn, nachts um halb eins,
ob du 'n Mädel hast oder auch keins . . .

Der Film von Wolfgang Liebeneiner lebte von Seemann Hannes und seinen Liedern: *Einmal noch nach Bombay, einmal nach Hawaii..., Schön ist die Liebe im Hafen...* oder *Kleine Möwe...* Und was macht es da schon, daß eines seiner Lieder gar von einem Bühnen-Hit *Liliom* entliehen war: *Komm auf die Schaukel, Luise...* Es wurde die große Mixtur für den bombensicheren Kassenerfolg zusammengebraut – und da durfte man nicht so pingelig sein. Natürlich mußte auch Heinz Rühmann wieder mit dabei sein, nun schon zum drittenmal Albers-Partner. Und Gustav Knuth nebst Fita Benkhoff gehörten selbstverständlich mit zur Erfolgs-Rezeptur. Daß das Drehbuch von Gustav Kampendonk und Curt Braun nur sehr dünn ausfiel – was machte es schon? Nach der Premiere in den Weihnachtstagen 1954 strömte das verehrte Publikum nur so zu den Kinokassen und ließ sich eineinhalb Stunden von Hans Albers und Co. mitreißen.

Ein voller Erfolg, könnte man wohl sagen, wenn da nicht eine Einschränkung zu machen wäre. Selbst Albers' eingeschworensten Kritiker-Verehrern (zu denen zweifellos auch Friedrich Luft gehörte) konnten nicht hinter dem Berg halten, daß hier ein bißchen zu sehr nur nach den Bilanzen geschielt wurde. »Ein bißchen mehr Anstrengungen darf man auch bei einem unterhaltenden Film wohl erwarten«, murrte einer der Journalisten, und ein anderer: »Albers, Albers überall – aber wo sind die Leute, die ihn gut beraten? Auch ein Star wie er darf mit sich nicht alles herunterdrehen lassen, nur weil das »Ding« eine todsichere Bank ist. Ein paar solcher Filme, und auch ein Albers wird bei vielen Ermüdungserscheinungen erzeugen. Wenn man nur die Musik und ein paar magere Gags auf die Leinwand bringen will, dann hat man zumindest eines dabei aus den Augen verloren, was für mich immer das wichtigste war: den hervorragenden Schauspieler Hans Albers.«

Nun, zumindest Albers selbst wollte ihn keineswegs aus den blauen Augen verlieren. Deshalb lehnte er auch in der nächsten Zeit einige Drehbücher ab, die wieder in die Kerbe »Ein bißchen Musik und Albers dazu, damit melkt man jede Kino-Kuh« (so der verstorbene Kabarettist Wolfgang Müller) maßgefertigt waren. »Ich bin jetzt dreiundsechzig Jahre alt«, sagte Albers, »da müssen schon noch ein paar Filmchen kommen, die so richtig hinknallen.« Sensibel wie er sein konnte, merkte er ganz genau, daß er eigentlich immer noch vom Ruhm seiner Filme in den dreißiger und auch vierziger Jahren zehrte, und bei einer dieser so typischen Männerrunden in seinem Bootshaus in Garatshausen (Frauen hatten nur ausnahmsweise Zutritt, das schloß auch Hansi Burg mit ein) sagte er: »Ich hab' zwar gehört, daß die große Karriere erst mit siebzig beginnen soll, aber so richtig kann man sich darauf wohl nicht verlassen. Albers mit Schippermütze und 'nem Doppelten in der Faust ist eine Sache, aber es darf auch schon mal 'ne Nummer größer sein.«

Diese Gelegenheit sollte er schon bald bekommen: In dem Film *Der letzte Mann*. Einst hatte Friedrich Murnau mit diesem Film über einen Hotelportier, der schließlich Toilettenmann werden muß, Stummfilmgeschichte gemacht. Der große Emil Jannings spielte damals die Rolle, die jetzt – 1955 – Hans Albers verkörpern sollte. Und weil man für Albers nun mal »ein positives Ende« brauchte, wurde ein gänzlich neuer Schluß hinzugeschrieben: Der Toilettenmann Karl Knesebeck steigt aus dem Souterrain des Hotels wieder bis hinauf in die Direktions-Etage und schmeißt den vornehmen Laden, daß es eine wahre Pracht ist. Doch dieser Drehbuch-Einfall konnte Albers' Erfolg in *Der letzte Mann* nicht trüben: Besonders seine ernsten Szenen kamen an, es waren die leisen Töne, mit denen er, auf der untersten Sprosse der Berufsleiter angekommen, die Herzen der Zuschauer bewegte. Ein Albers, der es allen zeigte, was an schauspielerischer Substanz in ihm steckte. Die Premiere in Berlin wurde zu einem Triumph für den gerührten Albers. Doch auf seine Witzchen mochte er nicht verzichten: »Ich hab' dajesessen und 'ne Träne jequetscht und denn hab' ick mir jedacht: Der da oben is ja vielle besser als du, Hut ab.«

Besonders eine junge Schauspielerin schloß die Zuschauer in *Der letzte Mann* mit in ihre Herzen ein – und das sollte auch noch lange Jahre so bleiben: Romy Schneider (in der Rolle der Niddy).

Wer Albers-Filme kennt, der weiß, daß einer besonders die

»Der letzte Mann« (1955), mit Romy Schneider.

»Der letzte Mann« (1955)

darstellerischen Möglichkeiten des blonden Hans aufzeigt: *Vor Sonnenuntergang*. Auch hier war Emil Jannings schon einmal Vorbild gewesen (1937 in Veit Harlans *Der Herrscher)*. Doch Albers wollte kein Jannings-»Nachäffer« sein (»Dazu war der auch ein paar Nummern zu groß«) und kniete sich wie noch nie in die Arbeit, um der Rolle des Generaldirektors Mathias Clausen

»Der letzte Mann« (1955); als Oberkellner Knesebeck.

»Vor Sonnenuntergang« (1956)

– nach einer Vorlage von Gerhart Hauptmanns Drama – seinen eigenen Zuschnitt zu geben. Diesmal las er seine Texte nicht von einem »Neger« ab, paukte seitenlang, was er zu sagen hatte (»Ich habe mit dem Alter ein besseres Gedächtnis bekommen«) und mäßigte sich auch beim »Mut antrinken« vor jeder Szene – was allerdings lediglich bedeutete, daß aus den mehreren Zahnputzgläsern voll Cognac höchstens zwei oder drei wurden.

Albers hatte vor diesem Hauptmann-Stoff (bearbeitet von Jochen Huth) einen »mächtigen Bammel«: »Ich habe Werner Krauß im Theater als Generaldirektor Clausen gesehen, da kann ich wohl nicht ganz mit. Aber ich werd' es ebenso gut machen, wie es der Albers kann.« Und dazu kam noch, daß er vor seinem Regisseur einen ziemlichen Respekt hatte: Gottfried Reinhardt.

»Vor Sonnenuntergang« (1956), mit Annemarie Düringer und Hans Nielsen.

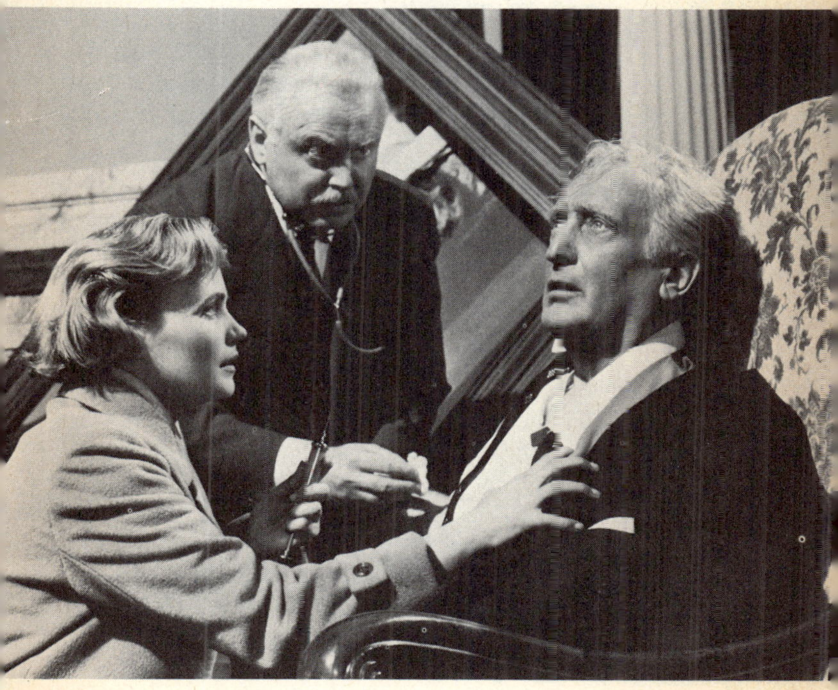

»Vor Sonnenuntergang« (1956)

Immerhin war er ja der Sohn des Theater-»Gottes« Max Reinhardt, der in den dreißiger Jahren auch Albers so manchen schauspielerischen Feinschliff hinzugefügt hatte.

Die Rolle war wirklich schwierig zu spielen: Direktor Clausen (Hans Albers), ein überaus erfolgreicher Geschäftsmann, lernt ein junges Mädchen namens Inken Peters (Annemarie Düringer) kennen und lieben. Er, der alte Mann, darf sich an ihrer Seite noch einmal jung fühlen. Doch die Familie Clausen (Claus Biederstaedt, Martin Held, Maria Becker, Erich Schellow) sieht diese Liaison mit großer Skepsis. Und als das Familienoberhaupt ankündigt, er werde das Mädchen heiraten, entsteht eine offene Familien-

Rebellion. Man hat Angst, das Erbe zu verlieren – also werden Intrigen gesponnen und hitzige Diskussionen geführt. Am Ende verliert der alte Clausen seine Kraft und stirbt.

Soweit in aller Kürze der Inhalt. Besonders schwierig war es für Albers, die letzten zehn Filmminuten zu gestalten. Er, der noch einmal Hoffnung geschöpft hat, wird von seinen eigenen Kindern verraten, und auch in seinen letzten Minuten können sie ihm nicht verzeihen, daß er in seinen alten Tagen ein bißchen Liebe für sich beansprucht. Diese Szenen gehen tief unter die Haut, und die Presse schrieb einmütig: »Das sind Albers' beste Szenen in seinem ganzen Filmschaffen. Hier hat er etwas gemeistert, was ihn endgültig zu den ganz großen Schauspielern Deutschlands macht.« Albers, der in seinem künstlerischen Leben nicht gerade mit großen Auszeichnungen – außer denen, die er von seinem Publikum erhielt – gesegnet wurde, erhielt für *Vor Sonnenuntergang* während der Berliner Filmfestspiele den »Goldenen Bären« für die beste schauspielerische Leistung. Und Albers konnte seinen Stolz darüber gut zeigen: »Ick hab' mir schon viele Bären aufbinden lassen, aber 'n joldener war noch nich dabei. Det is doch wat, Kinners . . .«

Hans Albers und die Berliner Filmfestspiele – ein Kapitel für sich. Konnten auch Amerikas Superstars wie Gary Cooper oder Tyrone Power eingeflogen werden, konnte Italiens Busenwunder Gina Lollobridgida alle Klaschspalten füllen, konnte das neue »Traumpaar des deutschen Films« Maria Schell und O.W. Fischer hofhalten – der Hanne Albers blieb den Berlinern »unser bestes Stück«. Wenn er vor einem der Premierenkinos, die zu Festival-Lichtspielen umgemünzt waren, erschien, erklang es tausendfach: »Otto-Otto!« oder »Hanne, Hanne . . .« Es kam zu lebensgefährlichen Szenen, weil der Verkehr am Kudamm beeinträchtigt wurde, und nicht selten empfahl einer der aufgeregten Organisatoren: »Nehmen Sie doch den Hinterausgang.« Doch Hans Albers dachte nicht daran und schritt mittenmang durch die Reihen seiner Fans, die ihn zu erdrücken drohten. Was machte es schon, daß seine geliebte Mercedes-Limousine erhebliche Kratzer abbekam, was bedeutete es schon, daß sein »juter Blauer« an den Revers lädiert wurde – Hans Albers war in seinem Element, der Woge der Begeisterung. Und als im Titania-Palast Hans Albers, im Auftrag der Illustrierten *Stern,* für die Veranstaltung »Das gab's nur einmal . . .« viele seiner alten Kollegen auf die Bühne bat, gab es kein Halten mehr. Die Zuschauer feierten ihn, und die anderen Alt-Stars (darunter Camilla Horn, Harry Piel, Henny Porten, Johannes Riemann und Paul Heidemann) mit einem zweistündigen Klatschmarsch. Später sollte von Dr. Martin Ulner ein Film zusammengestellt werden, der den Titel »Das kommt nicht wieder . . .« hatte und unter anderem noch einmal im Zusammenschnitt auch die großen Albers-Filmszenen zeigte.

Zwei große Albers-Filme *Der letzte Mann* und *Vor Sonnenuntergang* liefen mit überaus starkem Publikumsinteresse in den Kinos, da stand Albers schon wieder vor der Kamera. Er drehte hintereinanderweg die beiden Streifen *Die Verlobten des Todes* und *Der tolle Bomberg.* Beide Filme sollten das bestätigen, was eigentlich immer in Albers' so langer Karriere passierte: Hatte er mit ein paar Filmen mal wieder die höchsten Höhen erreicht, war er gleich darauf bereit, auch wieder in den niedersten Niederungen zu wildern. Sie hießen bei ihm »Mäusefilme« – Projekte, in denen er wegen der geliebten – und sechsstelligen – Gage mitmachte. »So ein bißchen Durchschnitt hat ihn nie umgeworfen«, sagte später Hansi Burg, »er war zufrieden, daß er arbeiten konnte, denn allzu viel Freizeit machte ihn wild. Und schließlich gab es nicht in jedem Jahr ein Drehbuch, für das es gelohnt hätte, sich ein Bein auszureißen.« Für die *Verlobten des Todes* lohnte es sich wirklich nicht. Albers spielte in dieser italienischen Produktion *(Due Fidanzati della Morte)* einen alternden Steilwand-Fahrer, der von Rummelplatz zu Rummelplatz zieht, bis er sich eines Tages zurückzieht und in einer alten Garage an einem neuen Motor für ein Rennauto bastelt. Das Ganze hat viel Rennatmosphäre, aber weil nun mal der fast 65jährige Albers keinen wagemutigen Rennfahrer mehr spielen kann und sich – zu erstenmal seit langen, langen Jahren – mit einer Nebenrolle begnügt, sind die Zuschauer von diesem Film besonders enttäuscht. Ein Italiener namens Rik Battaglia und ein schönes Mädchen namens Margit Nünke, ehemals »Miß Germany«, spielten die Hauptrollen. Wie konnte der Albers bloß . . . Er erklärte es selbst: »Ich hatte mir meine Rolle eigentlich ganz gut vorstellen können, aber dann fiel so viel unter den Tisch – Schwamm drüber.«

Zur »Erholung« spielte dann Albers mal wieder Theater (*Katharina Knie* im Münchner Gärtnerplatztheater) bevor er wieder vor die Kamera ging: für den *tollen Bomberg*. Aber auch dieser Streifen sollte kein großer Erfolg werden, zu sehr waren

Hans hat sich die Pause redlich verdient.

»Der tolle Bomberg« (1957); in der Titelrolle.

»Der tolle Bomberg« (1957), mit Marion Michael und Harald Juhnke.

»Der tolle Bomberg« (1957), mit Paul Henkels.

»Der tolle Bomberg« (1957), (mit Nebendarstellerin)

die Abenteuer des Barons von Bomberg aus dem Münsterland aneinandergereiht, zu sehr fehlte die große Linie (Regie: Rolf Thiele), und zu wenig waren die Gags ausgefeilt worden. Hatte man wohl daran gedacht, an eine Figur wie den *Münchhausen* anzuknüpfen, so blieben alle Bemühungen schon im Ansatz stecken: Für einen lustigen Film nicht ideenreich genug, für eine Persiflage zu ernst. Dabei hatte man neben Albers, der mit seiner Bomberg-Rolle wenigstens einiges noch retten konnte, keine schlechte Besetzungsliste zusammengetrommelt: Harald Juhnke, Paul Henckels, Camilla Spira, Hans Leibelt, Hubert von

»Der tolle Bomberg« (1957), im Hintergrund: Paul Henckels, Wanda Rotha und Harald Juhnke.

Meyerinck und Margit Symo. Und da war auch noch eine junge Dame, die als nackerte *Liane – das Mädchen aus dem Urwald* Furore gemacht hatte, wenn auch nicht gerade auf dem schauspielerischen Sektor: Marion Michael.

Und was machte die Filmindustrie, wenn der Albers mal nicht den ganz durchlagenden Erfolg hatte? Ganz einfach: Sie schrieb ihm ein Drehbuch, das an der Waterkant angesiedelt war, ließ ihn zumindest einen ehemaligen Kapitän sein und verordnete ihm (ausgeführt von Michael Jary) ein paar gute Lieder, wie zum Beispiel dieses:

Das letzte Hemd hat leider keine Taschen,
man lebt nur einmal, einmal auf der Welt,
drum laßt uns schnell den kleinen Rest vernaschen
im Himmel braucht der Mensch bestimmt ja doch kein Geld.
Das war schon früher so,
und das ist heut' noch so.
Im Himmel braucht der Mensch
bestimmt, bestimmt kein Geld.

Das Herz von St. Pauli hieß der Film, in dem er diesen Song und noch viele andere sang. Eugen York hatte eine Garde guter

»Der tolle Bomberg« (1957), mit Gert Fröbe und Camilla Spira (von links).

»Der tolle Bomberg« (1957)

»Das Herz von St. Pauli« (1957); als Käpt'n Jonny.

»Das Herz von St. Pauli« (1957), mit Hansjörg Felmy und Hans Richter.

Schauspieler zusammengetrommelt: Gert Fröbe, Hansjörg Felmy, Carla Hagen, Werner Peters, Ernst Waldow, Peer Schmidt und Karin Baal. Und der Stoff nach dem gleichnamigen Roman von Eberhard von Wiese paßte zu Albers wie Cognac und Zigarre: Jonny Jensen, der ehemalige Kapitän zur See, ist auf St. Pauli Kneipenwirt geworden. Drei Kinder hat er großgezogen – aber jetzt machen sie ihm Kummer, und als ihn auch noch ein windiger Partner übers Ohr hauen will, wird Jonny Jensen, die gute Seele, rabiat. Schließlich heißt es aber noch mal für ihn: Große Fahrt!

Auch im Jahre 1957 ist Hans Albers als Film-Seemann für das Publikum noch eine »volle Bank«.

Und weil's so schön lief mit den Erfolgsrollen, wurde gleich noch eins draufgesetzt: *Der Greifer* hieß Albers' anschließende Rolle. Wir erinnern uns: Schon 1930 hatte er diesen unerschrockenen Polizisten gespielt. Doch damals war er ein junger Scotland-Yard-Detektiv, der alle Fälle im Handumdrehen löste, jetzt mußte man sich etwas anderes einfallen lassen – und fand auch den »Dreh« (Autor: Curt J. Braun): Nun war Albers pensionierter Oberkommissar, der selbst schon einen Sohn (Hansjörg Felmy) bei der Polizei hat. Er fühlt sich aber aufs Abstellgleis gestellt – und

»Das Herz von St. Pauli« (1957); als Käpt'n Jonny.

»Der Greifer« (1957); in der Titelrolle.

»Der Greifer« (1957), mit Susanne Kramer.

als er die Chance sieht, sich eines Tages noch einmal an einem großen Fall zu beteiligen, beweist er allen, daß auf ihn noch zu zählen ist. Eugen York führte Regie, und die anderen Darsteller hießen Susanne Cramer (die einige Jahre später in Hollywood starb), Werner Peters, Mady Rahl, Ernst Stankovski, Horst Frank, Agnes Windeck und Siegfried Lowitz.

Auch in seinem nächsten Film *Der Mann im Strom* (unter der Regie von Eugen York spielten Helmut Schmid, der Ehemann

»13 alte Esel« (1958), mit Marianne Hoppe.

»13 alte Esel« (1958)

seiner ehemaligen *Föhn*-Partnerin Lilo Pulver, Gina Albert, Hans Nielsen, Carsta Löck, Joseph Offenbach und Wolfgang Völz) muß Albers in seiner Rolle darum kämpfen, nicht völlig ins Abseits zu geraten. Um eine Arbeit zu bekommen, muß er, der Taucher Paul Hinrichs, in den Papieren sein Geburtsdatum fälschen, erst dann kann er den Jungen beweisen, was noch alles in ihm steckt. Kurt Habernoll in einer Berliner Zeitung: »Albers empört sich unduldsam gegen eine Welt, die die guten, alten Ideale

»13 alte Esel« (1958), mit Peter Badura, Peter Uwe Witt und Rainer Ehrhardt (von links).

schnöde verleugnet, die keine Achtung und Ehrfurcht vor dem Alter kennt, ohne Anstand und Sitte ist . . . Zum Schluß sind sie alle, die nicht an ihn glaubten, beschämt. Sie sehen hochachtungsvoll zu ihm auf, er allein ist makellos. Schuldig wird nur die Umwelt an ihm, er ist bis zuletzt streng, aber gerecht, natürlich mit goldenem Herzen.«

Und dieses goldene Herz – nebst goldenem Humor – durfte er auch in dem Film *Dreizehn alte Esel* beweisen, der unter der

Regie von Hans Deppe gedreht wurde. Albers spielt den Mann einer Erzieherin (Marianne Hoppe), der sich nach langen Jahren des Herumtreibens wieder nach Hause zurücksehnt. Seine Frau hat inzwischen ein Heim für schwererziehbare Kinder aufgemacht und – wen wundert das schon – der alte Ausreißer, eher ein Fall von schwer erziehbarem Mann, bringt alle Probleme wieder ins rechte Lot. Schließlich lieben ihn alle Kinder, nicht zuletzt, weil er dreizehn alten Eseln, die in einem Schlachthof enden sollten, das Leben gerettet hat. In weiteren Rollen: Gunnar Möller, Günther Lüders, sein Partner aus *Große Freiheit Nr. 7,* Joseph Offenbach und die junge Karin Dor, die später über ihre meinem Zustand schuld sei. Rückblickend kann ich heute sagen, daß die Dreharbeiten mit Hanne die lustigsten überhaupt waren.« Und Marianne Hoppe erinnerte sich: »Ich habe Albers und Hansi Burg ein paarmal in ihrer Villa am Starnberger See besucht. Im Haus Albers herrschte eine so herzliche Atmosphäre, wie man sie nur selten findet.«

Kein Engel ist so rein hieß der letzte Film, den Albers drehen sollte. Die Aufnahmen mußten manchmal unterbrochen werden, weil sich Albers, beinahe siebzig, nicht wohlfühlte. Aber er stand die Aufnahmen zu dieser Kriminalkomödie, die 1959 von Wolfgang Becker gedreht wurde, tapfer durch. Neben Peter Kraus, Gustav Knuth, Horst Frank, Walter Giller und Ingrid van Bergen hatte Albers eine Partnerin, die er besonders ins Herz geschlossen hatte: Sabine Sinjen, damals ein »Teenager-Star«. »Die blonde Kleene wird wat, det hab' ick im Urin«, sagte er – und sollte wieder einmal recht behalten.

Seine Kollegen – und besonders Gustav Knuth, der schon lange mit Albers befreundet war – erschraken, wie der große alte Mann verfiel. »Was ist denn mit dir los, Vatern? fragte sich Albers immer, wenn er Schmerzen verspürte – er wollte vor den Kollegen seine lässige Haltung bewahren.

Doch zu diesem Zeitpunkt war Hans Albers, der über vierzig Jahre lang Filmgeschichte geschrieben hatte, bereits vom Tod gezeichnet.

Nachwort

Ein halbes Jahr verbrachte Hans Albers in seiner »Rosen«-Villa in Garatshausen, ohne an Arbeit zu denken. »Ich werd' ja auch mal ein bißchen ausruhen dürfen«, sagte er Freunden, »der Albers hat ja genügend geschuftet.« Fünfundfünfzig Rosen-Arten hatte er in seinem riesigen Park angepflanzt, die hegte und pflegte er mit einer Ausdauer, die ihm wohl niemand zugetraut hätte. Segelpartien auf dem Starnberger See und lange Spaziergänge mit Hansi Burg gehörten zu seinem weiteren Rekonvaleszens-Programm. Auf solchen Spaziergängen trafen sie häufig behinderte Kinder, die in einem Heim in Garatshausen untergebracht waren. Albers schlug seiner Lebensgefährtin vor: »Wenn wir beide tot sind, sollen diese Kinder von uns erben.«

Am 22. September 1959 – dem 68. Geburtstag des Schauspielers – mußte Paul Schrammel, langjähriger Chauffeur im Hause Albers, folgenden »Tagesbefehl« entgegennehmen: »Paul, du fährst mich heute ein paarmal um den See herum. Ich muß noch mal nach dem Rechten sehen. Ich glaube, das wird unsere letzte große Ausfahrt.« Schrammel: »Und dann habe ich ihn kutschiert, ganz langsam, weil er alles genießen wollte. Wir haben bei den Schwänen gehalten, denen er immer Futter mitbrachte, und von der anderen Seite des Sees hat er lange hinüber auf sein Haus geblickt. Ich glaube, an diesem Tag war er besonders traurig, und ich habe fast geheult. Doch plötzlich hatte er genug und sagte: »So, jetzt fahren wir ganz schnell nach Hause . . .«
erste Begegnung mit dem großen Albers erzählte: »Ich war damals zweiundzwanzig, ein schüchternes, pflichtbewußtes Ding, als mir Hans Albers am ersten Drehtag Alkohol anbot. Doch alle Ausflüchte halfen nichts, der Hans wollte unbedingt mit mir anstoßen. Ich trank so zwei, drei Gläser – und war total beschwipst. Arbeiten war nicht mehr drin, ich konnte nur noch kichern. Der Albers hat dann dem Aufnahmeleiter gestanden, daß er an

Blumen für den blonden Hans.

Noch einmal sollte Albers die Arbeit wieder aufnehmen: Er war an das Wiener Raimund-Theater für *Katharina Knie* verpflichtet worden – neben Trude Hesterberg, der großen Diseuse aus den guten, alten Zeiten in Berlin. Ein Wiener Journalist schrieb: »Natürlich war Albers nicht mehr der so rüstige, überstabile Kerl, den das Film-Publikum kannte, er mußte schon leisere Töne anschlagen. Aber schon beim ersten Auftreten jubelten ihm die Zuschauer zu – und dies sollte sich noch steigern. Albers hatte noch ein paar artistische Stückchen eingebaut, das ließ er sich nicht nehmen. Auch wenn sie nicht mehr so bombastisch ausfielen – das Publikum dankte ihm seine Bemühungen mit nicht endenwollendem Applaus.« Daß es das Stück *Katharina Knie* war, in dem ein großer Künstler sich vom Publikum verabschiedete, sollte auch wohl von der Dramaturgie seines Lebens so bestimmt sein.

Nach der zwanzigsten Vorstellung mußte *Katharina Knie* auf unbestimmte Zeit vom Programmplan abgesetzt werden: Hans Albers hatte sich eine Grippe zugezogen und wurde in eine Wiener Klinik eingeliefert. Magen- und Darmblutungen kamen hinzu.

Hans Albers schwer erkrankt beunruhigten Schlagzeilen sein Publikum. Und fast täglich veröffentlichte die Presse, wie es dem großen Star ging. Dann nach drei Wochen die glückliche Nachricht: »Hans Albers ist wieder genesen und kann in sein Haus nach Garatshausen zurückkehren.«

Drei Monate hörte man nichts mehr von »Otto-Otto«. Und dann brachten es Rundfunk und Fernsehen – und die Tageszeitungen widmeten der Hiobsbotschaft ihre Schlagzeilen: »Hans Albers ist an einer schweren Magen- und Darmgrippe gestorben.« Es war der 24. Juli 1960. »Otto-Otto« war tot.

Tagelang veröffentlichten alle Zeitungen Nachrufe auf einen der größten Schauspieler, die Deutschland jemals hatte. Einige Auszüge: »Man wird seinesgleichen nicht wieder in einem Menschenalter erleben« (Friedrich Luft) oder: »Albers ist . . . der echteste Volksschauspieler der neueren Massenkunst, des Tonfilms, geworden« (so die *Berliner Morgenpost*) und »Was Albers hinterläßt, ist ein Lebenswerk in Zelluloid, das noch Generationen als gültige Filmkunst anerkennen werden« (eine Münchner Zeitung).

Hans Albers, der gebürtige Hamburger mit der großen Berliner Karriere und dem letzten Wohnsitz bei München, wollte in Hamburg beerdigt werden. Hier war er geboren, hier war er aufgewachsen, und hier sollte man auch von ihm Abschied nehmen. Zehntausende kamen am 29. Juli 1960 zum Krematorium Ohlsdorf, um ihrem »Otto-Otto« Lebewohl zu sagen, darunter viel Prominenz. Max Schmeling war da und Paul Verhoeven, Regisseur Eugen York und Helmut Käutner, der eine der vielen Grabreden hielt: »Hör mal, Hanne, die Hansi sagte mir, du hast dich schlafen gelegt. Na bitte, das ist doch ganz natürlich. Wer soviel gearbeitet hat wie du, der wird doch auch mal müde sein dürfen. Außerdem, man muß sich doch ausruhen, wenn man eine so weite Reise vorhat wie du, eine Reise in die große Freiheit... Good bye, Jonny...«

Einen kleinen Nachtrag müssen wir noch machen:

Allen war wohl klar gewesen, daß Hansi Burg, die vierzig Jahre lang mit Albers zusammengelebt hatte, seine Alleinerbin sein würde. Doch Hans Albers, der zeit seines Lebens die Bürokratie gehaßt hatte, hinterließ kein beglaubigtes Testament. So kam es, daß seine drei Schwestern Anna, Mimi und Albertine prozessierten. Doch Hansi Burg konnte einen Brief vorweisen, in dem Albers – kurz vor einem Flug nach Berlin im Jahre 1958 – verfügte: »Sollte mir etwas zustoßen, so soll Hansi Burg Erbin werden.« Sie gewann den Prozeß – aber das dicke Ende kam nach: Weil Albers und sie nie geheiratet hatten, mußte sie als Erbin vom 3,5 Millionen-Mark-Erbe 48 Prozent Erbschaftssteuer zahlen. Da das meiste in Haus und Grundstück angelegt war, wußte sich Hansi Burg nur zu helfen, indem sie die Villa nebst Park an den bayerischen Staat verkaufte, der auf dem Gelände ein Erholungsheim für Kinder errichten wollte. Hansi Burg erhielt dafür 1,5 Millionen Mark und eine monatliche Leibrente über 7000 Mark. Außerdem durfte sie in der Villa wohnen bleiben.

Als Hansi Burg am 14. März 1975 – unvergessen von den vielen Freunden Hans Albers', die sie oft besuchten – starb, wurde die Idee, die Hanne und Hansi einmal gehabt hatten, in die Tat umgesetzt. Da keine weiteren direkten Erben vorhanden waren, bekamen die Sonderschüler von Garatshausen das Geld, das aus dem Nachlaß erlöst wurde. Ein Betrag der noch so um die 800 000 Mark gelegen haben dürfte.

Und Hans Albers, der, wenn es tatsächlich einen Künstlerhimmel gibt, dort sicher einen Ehrenplatz bekommen hat, wird wohl mit himmlischer Zigarre und einem Cognac von Petrus' Bestem gewappnet zufrieden herabgeschaut haben: »Jawoll, meine Herrn, so haben wir es gern . . .«

Die Stummfilme von Hans Albers

Hans Albers hat in der Zeit von 1917 bis 1929 in etwa 100 Stummfilmen mitgewirkt. Die genaue Zahl läßt sich heute kaum mehr feststellen, weil er manchmal – und besonders am Anfang – nur sogenannte »Tagesrollen« spielte, was bedeutet, daß er lediglich einen kurzen Auftritt hatte. Sein erster Spielfilm war *Das Spitzentuch der Fürstin Wolkowska,* der 1917 von der Deutschen Bioscop-Film gedreht wurde. Weitere wichtige Albers-Stummfilme (die Rollen, die er darin spielte, sind häufig nicht mehr festzustellen, da ein Großteil des Materials nicht mehr vorhanden ist):

Baroneßchen auf Strafurlaub (mit Paul Westermeier) – 1918
Der Mut zur Sünde (mit Olga Desmond) – 1918
Irrwege der Liebe (mit Lia Borré) – 1918
Lola Montez (mit Maria Zelenka, Gustav Adolf Semler) – 1919
Rauschgold (mit Stella Harf) – 1920
Die Marquise von O. (mit Herta Hedén) – 1920
Taschendiebe (mit Maria Zelenka) – 1920
Die große und die kleine Welt (mit Lia Eibenschütz) – 1921
Schöne der Nacht (mit Manja Tzatschewa) – 1921
Madeleine (mit Ria Jende und Eduard von Winterstein) – 1921
Versunkene Welten (mit Ria Jende) – 1922
Lumpacivagabundus (mit Karl Etlinger und Hans Brausewetter) – 1922
Der falsche Dimitry (mit Paul Hartmann und Eugen Klöpfer) – 1922
Fräulein Raffke (mit Werner Krauß) – 1923
Guillotine (mit Willy Fritsch und Marcella Albani) – 1924
Gehetzte Menschen (mit Johannes Riemann) – 1924
Das schöne Abenteuer (mit Vilma Banky) – 1924
Die Venus von Montmatre (mit Lya Mara) – 1925
Ein Sommernachtstraum (mit Werner Krauß und Valeska Gert) – 1925
Luxusweibchen (mit Lee Parry) – 1925
Halbseide (mit Kurt Gerron) – 1925
Vorderhaus und Hinterhaus (mit Trude Hesterberg) – 1925
Die Gesunkenen (mit Olga Tschechowa und Otto Gebühr) – 1925
Der Mann aus dem Jenseits (mit Olga Tschechowa und Paul Wegener) – 1925

Der Prinz und die Tänzerin (mit Lucy Doraine und Willy Fritsch) – 1926
Deutsche Herzen am deutschen Rhein (mit Adele Sandrock) – 1926
An der schönen blauen Donau (mit Harry Liedtke) – 1926
Nur eine Tänzerin (mit Lil Dagover) – 1926
Schatz, mach' Kasse (mit Siegfried Arno) – 1926
Der lachende Ehemann (mit Charlotte Ander) – 1926
Die versunkene Flotte (mit Heinrich George) – 1926
Die Warenhausprinzessin (mit Hella Moja) – 1926
Die Frau, die nicht nein sagen kann (mit Gustav Fröhlich) – 1926
Der Soldat der Marie (mit Harry Liedtke) – 1926
Primanerliebe (mit Fritz Kortner und Grete Mosheim) – 1927
Eine kleine Freundin braucht jeder Mann (mit Charlotte Ander) – 1927
Herr Meister und Frau Meisterin (mit Ida Wüst) – 1928
Prinzessin Olala (mit Marlene Dietrich) – 1928
Rasputins Liebesabenteuer (mit Hilde Hildebrand) – 1928
Saxophon-Susi (mit Anny Ondra) – 1928
Asphalt (mit Gustav Fröhlich und Rosa Valetti) – 1929
Mascottchen (mit Käthe von Nagy) – 1929
Ja, ja, die Frauen sind meine schwache Seite (mit Eugen Burg) – 1929
Teure Heimat (mit Renate Müller und Hans Brausewetter) – 1929

Die *Schleiertänzerin* (1929 mit Evelyn Holt und Harry Hardt gedreht) wurde Albers' letzter Stummfilm. Er hatte manchmal bis zu vierzehn Filme im Jahr gedreht, wobei er aber manchmal Rollen spielte, die ihn nicht länger als ein paar Drehtage in Anspruch nahmen.

Die Tonfilme von Hans Albers

Der Name des Regisseurs folgt dem Uraufführungsdatum. Ein (F) hinter dem Uraufführungsdatum bedeutet Farbfilm. DB = Drehbuch; b/a = basiert auf.

1. **Die Nacht gehört uns.** Froelich-Film, 1929. *Carl Froelich.* DB: Walter Reisch und Walter Supper.
   Besetzung: Otto Wallburg, Charlotte Ander, Ida Wüst, Walter Janssen, Julius Falkenstein.
2. **Der blaue Engel.** Ufa, 1929. *Josef von Sternberg.* DB: Robert Liebmann und Carl Zuckmayer; b/a Roman *Professor Unrat* von Heinrich Mann.
   Besetzung: Marlene Dietrich, Emil Jannings, Rosa Valetti, Kurt Gerron, Eduard von Winterstein, Reinhold Bernt.
3. **Der Greifer.** Richard-Eichberg-Film und British International Pictures, 1930. *Richard Eichberg.* DB: Rolf Katscher.
   Besetzung: Margot Walter, Eugen Burg, Harry Hardt, Charlotte Susa, Karl Ludwig Diehl.
4. **Hans in allen Gassen.** Froelich-Film, 1930. *Carl Froelich.* DB: Dr. Rudolf Frank; b/a *Smarra* Roman von Ludwig Wolff.
   Besetzung: Camilla Horn, Max Adalbert, Betty Amann, Paul Heidemann, Gustav Diesel.
5. **Drei Tage Liebe.** Fellner & Somlo-Film, 1930. *Heinz Hilpert.* DB: Heinz Hilpert; b/a Novelle von Joe Lederer.
   Besetzung: Käthe Dorsch, Paul Samson-Körner, Trude Berliner, Rudolf Platte, Lotte Stein, Fritz Odemar.
6. **Bomben auf Monte Carlo.** Ufa, 1931. *Hans Schwarz.* DB: Hans Müller und Franz Schulz; b/a Roman von Fritz Reck.
   Besetzung: Anna Sten, Heinz Rühmann, Ida Wüst, Kurt Gerron, Karl Etlinger, Peter Lorre.
7. **Der Draufgänger.** Richard-Eichberg-Film, 1931. *Richard Eichberg.* DB: Josef Than.
   Besetzung: Gerda Maurus, Alfred Beierle, Sigurd Lohde, Leonard Steckel, Ernst Stahl-Nachbaur, Martha Eggert.
8. **Der Sieger.** Ufa, 1931. *Hans Hinrich, Paul Martin.* DB: Robert Liebmann, Leonhard Frank.
   Besetzung: Käthe von Nagy, Julius Falkenstein, Hans Brausewetter, Adele Sandrock, Ida Wüst, Willi Domgraf-Fassbaender.

9. **Quick.** Ufa, 1932. *Robert Siodmak.* DB: Hans Müller; b/a Bühnenstück von Felix Gandera.
Besetzung: Lilian Harvey, Paul Hörbiger, Albert von Kersten, Willy Stettner, Paul Westermeier, Käte Haack.
10. **Der weiße Dämon.** Ufa, 1931. *Kurt Gerron.* DB: Philipp Lothar Meyring.
Besetzung: Gerda Maurus, Lucie Höflich, Trude von Molo, Alfred Abel, Raoul Aslan, Peter Lorre, Hubert von Meyerinck,
11. **F. P. 1 antwortet nicht.** Ufa, 1931. *Karl Hartl.* DB: Walter Reisch; b/a Roman von Kurt Siodmak.
Besetzung: Paul Hartmann, Sybille Schmitz, Paul Westermeier, Peter Lorre, Herman Speelmans, Gustav Püttjer, Erik Ode.
12. **Heut kommt's drauf an.** Boston Film, 1932. *Kurt Gerron.* DB: Phillip Lothar Meyring und Wolfgang Wilhelm.
Besetzung: Oskar Karlweis, Luise Rainer, Oskar Sima, Baby Gray, Max Gülstorff.
13. **Ein gewisser Herr Gran.** Ufa, 1933. *Gerhard Lamprecht.* DB: Philip Lothar Meyring.
Besetzung: Karin Hardt, Rose Stradner, Albert Bassermann, Walter Rilla, Hubert von Meyerinck, Olga Tschechowa.
14. **Flüchtlinge.** Ufa, 1933. *Gustav Ucicky.* DB: Gerhard Menzel.
Besetzung: Käthe von Nagy, Ida Wüst, Eugen Klöpfer, Karl Rainer, Franziska Kinz, Veit Harlan, Hans Adalbert Schlettow.
15. **Gold.** Ufa, 1933. *Karl Hartl.* DB: Rolf Vanloo.
Besetzung: Lien Deyers, Friedrich Kayssler, Brigitte Helm, Rudolf Platte, Michael Bohnen.
16. **Peer Gynt.** Bavaria-Film, 1934. *Fritz Wendhausen.* DB: Josef Stolzing-Czerny; b/a Bühnenstück von Henrik Ibsen.
Besetzung: Marieluise Claudius, Lucie Höflich, Olga Tschechowa, Ellen Frank, Lizzi Waldmüller, Hans Schulze, Otto Wernicke.
17. **Varieté.** Bavaria-Film und Vandor-Films, 1935. *Nikolaus Farkas.* DB: Nikolaus Farkas und Rolf Vanloo.
Besetzung: Attila Hörbiger, Annabella, Karl Etlinger, Gustav Püttjer, Else Reval, Gerhard Dammann.
18. **Henker, Frauen und Soldaten.** Bavaria-Film, 1935. *Johannes Meyer.* DB: Max Kimmich; b/a Roman von Fritz Reck.
Besetzung: Jack Trevor, Charlotte Susa, Aribert Wäscher, Ernst Dumcke, Hubert von Meyerinck, Otto Wernicke.
19. **Savoy-Hotel 217** (später: Mord im Savoy). Ufa, 1936. *Gustav Ucicky.* DB: Gerhard Menzel.

Besetzung: Brigitte Horney, René Deltgen, Käthe Dorsch, Gusti Huber, Alexander Engel, Hans Leibelt, Aribert Wäscher.

20. **Unter heißem Himmel.** Ufa, 1936. *Gustav Ucicky.* DB: Gerhard Menzel.
Besetzung: Lotte Lang, Alexander Engel, Aribert Wäscher Eberhard Leithoff, René Deltgen, Bruno Hübner.

21. **Der Mann, der Sherlock Holmes war.** Ufa, 1937. *Karl Hartl.* DB: Robert A. Stemmle.
Besetzung: Heinz Rühmann, Hansi Knoteck, Marieluise Claudius, Siegfried Schürenberg, Hilde Weissner, Paul Bildt.

22. **Die gelbe Flagge.** Euphono-Film, 1937. *Gerhard Lamprecht.* DB: Helmut Brandis; b/a Roman von Fred Andreas.
Besetzung: Olga Tschechowa, Gothart Portloff, Dorothea Wieck, Herbert Gernot, Aribert Wäscher, Alexander Engel.

23. **Fahrendes Volk.** Tobis-Filmkunst, 1938. *Jacques Feyder.* DB: Jacques Feyder.
Besetzung: Françoise Rosay, Herbert Hübner, Camilla Horn, Hannes Stelzer, Irene von Meyendorff.

24. **Sergeant Berry.** Euphono-Film, 1938. *Herbert Selpin.* DB: Walter Wassermann; b/a Roman von Robert Arden.
Besetzung: Peter Voss, Herma Relin, Alexander Golling, Toni von Bukovics, Edwin Jürgensen, Gerd Höst.

25. **Wasser für Canitoga.** Bavaria-Filmkunst, 1938. *Herbert Selpin.* DB: Walter Zerlett-Olfenius.
Besetzung: Hilde Sessak, Charlotte Susa, Josef Sieber, Peter Voss, Heinrich Kalnberg.

26. **Ein Mann auf Abwegen.** Euphono-Film, 1939. *Herbert Selpin.* DB: Walter Zerlett-Olfenius und H. G. Petersen.
Besetzung: Hilde Weissner, Charlotte Thiele, Hilde Sessak, Werner Fuetterer, Peter Voss, Herbert Hübner, Werner Schott.

27. **Trenck, der Pandur.** Tobis, 1940. *Herbert Selpin.* DB: Walter Zerlett-Olfenius, b/a Bühnenstück von Otto Emmerich Groh.
Besetzung: Sybille Schmitz, Käthe Dorsch, Elisabeth Flickenschildt, Hilde Weissner, Hans Nielsen, Oskar Sima.

28. **Carl Peters.** Bavaria-Film, 1941. *Herbert Selpin.* DB: Ernst von Salomon und Walter Zerlett-Olfenius.
Besetzung: Karl Dannemann, Fritz Odemar, Hans Leibelt, Friedrich Otto Fischer, Herbert Hübner.

29. **Münchhausen.** Ufa, 1942. *Josef von Baky.* DB: Berthold Bürger (Pseudonym von Erich Kästner)
Besetzung: Michael Bohnen, Hans Brausewetter, Käthe Haack, Marina von Ditmar, Brigitte Horney, Ferdinand Marian, Hubert von Meyerinck, Leo Slezak.

30. **Große Freiheit Nr. 7.** Terra-Film, 1944. *Helmut Käutner.* DB: Helmut Käutner und Richard Nicolas.
Besetzung: Ilse Werner, Hans Söhnker, Gustav Knuth, Hilde Hildebrand, Günther Lüders, Ethel Reschke, Alfred Braun.
31. **Shiva und die Galgenblume** (nicht beendet). Prag-Film, 1945. *Hans Steinhoff.* DB: Hans Steinhoff.
Besetzung: Paul Egener, Aribert Wäscher, Grethe Weiser, Elisabeth Flickenschildt, Eugen Klöpfer, Harald Paulsen, Otto Wilhelm Fischer.
32. **Und über uns der Himmel.** Objektiv-Film, 1947. *Josef von Baky.* DB: Gerhard Grindel
Besetzung: Paul Edwin Roth, Ludwig Linkmann, Otto Gebühr, Ralph Lothar, Lotte Koch, Elsa Wagner.
33. **Föhn.** Rolf-Hansen-Film, 1950. *Rolf Hansen.* DB: Erna Fentsch; b/a Novelle von Arnold Fanck.
Besetzung: Liselotte Pulver, Adrian Hoven, Antje Weissgerber, Heinrich Gretler.
34. **Vom Teufel gejagt.** Georg-Witt-Film, 1950. *Viktor Tourjansky.* DB: Emil Burri und Viktor Tourjansky.
Besetzung: Maria Holst, Lil Dagover, Willy Birgel, Heidemarie Hatheyer, Otto Wernicke, Heinrich Gretler.
35. **Blaubart:** Ala-Film in Zusammenarbeit mit Alana und Union-Film, 1951. *Christian Jaque.* DB: Hans J. Rehfisch und Boris Borresholm.
Besetzung: Cecile Aubry, Lina Carstens, Fritz Kortner, Arno Paulsen, Henri Rollan, Jacques Sernas.
36. **Nachts auf den Straßen:** NDF und Intercontinental-Film, 1951. *Rudolf Jugert.* DB: Fritz Rotter und Helmut Käutner.
Besetzung: Hildegard Knef, Lucie Mannheim, Heinrich Gretler, Karin Andersen, Hans Reiser, Wolf Ackva.
37. **Käpt'n Bay Bay.** Meteor-Film, 1952. *Helmut Käutner.* DB: Heinz Pauck und Helmut Käutner.
Besetzung: Renate Mannhardt, Angele Durand, Bum Krüger, Anneliese Kaplan, Rudolf Fernau, Ernst Fritz Fürbringer.
38. **Jonny rettet Nebrador.** Meteor-Film, 1953. *Rudolf Jugert.* DB: Werner Jörg Lüddecke; b/a Roman *Manuel erkennt seine Macht* von Karl Lerbs.
Besetzung: Peter Pasetti, Margot Hielscher, Trude Hesterberg, Franz Muxeneder, Rudolf Vogel.
39. **Auf der Reeperbahn nachts um halb eins:** Berolina-Film, 1954. *Wolfgang Liebeneiner.* DB: Gustav Kampendonk.
Besetzung: Heinz Rühmann, Gustav Knuth, Fita Benkhoff, Jürgen Graf, Sybil Werden, Erwin Strahl.

40. **Der letzte Mann.** NDF, 1955. *Harald Braun.* DB: Herbert Witt und Georg Hurdalek.
Besetzung: Romy Schneider, Joachim Fuchsberger, Rudolf Forster, Camilla Spira, Michael Heltau, Walter Gross.

41. **Vor Sonnenuntergang.** CCC-Film, 1956. Gottfried Reinhardt. DB: Jochen Huth; b/a Bühnenstück von Gerhart Hauptmann. Besetzung: Annemarie Düringer, Martin Held, Hans Nielsen, Hannelore Schroth, Claus Biederstäedt, Maria Becker.

42. **Die Verlobten des Todes.** Sirius-Film, 1957. *Romolo Marcellini.* DB: Gino de Sanctis.
Besetzung: Rik Battaglia, Margit Nünke, Gustavo Rojo, Sylva Kiscina.

43. **Der tolle Bomberg.** Arca-Film, 1957. *Rolf Thiele.* DB: Per Schwenzen.
Besetzung: Harald Juhnke, Marion Michael, Gert Fröbe, Erich Fiedler, Paul Henckels, Camilla Spira.

44. **Das Herz von St. Pauli.** Real-Film, 1957. *Eugen York.* DB: Kurt E. Walter; b/a Roman von E. v. Wiese.
Besetzung: Carla Hagen, Hansjörg Felmy, Jürgen Wilke, Werner Peters, Gert Fröbe, Camilla Spira.

45. **Der Greifer:** Kurt-Ulrich-Film, 1957. *Eugen York.* DB: Curt J. Braun.
Besetzung: Hansjörg Felmy, Werner Peters, Susanne Cramer, Mady Rahl, Ernst Stankovski.

46. **Der Mann im Strom.** CCC-Film, 1958. *Eugen York.* DB: Jochen Huth.
Besetzung: Helmut Schmid, Gina Albert, Hans Nielsen, Carsta Löck, Josef Dahmen, Ludwig Linkmann, Jochen Brockmann.

47. **13 alte Esel.** Real-Film, 1958. *Hans Deppe.* DB: Janne Furch. Besetzung: Marianne Hoppe, Karin Dor, Gunnar Möller, Werner Peters, Günther Lüders, Josef Dahmen, Joseph Offenbach.

48. **Kein Engel ist so rein.** CCC-Film, 1959. *Wolfgang Becker.* DB: Eckart Hachfeld.
Besetzung: Sabine Sinjen, Peter Kraus, Gustav Knuth, Horst Frank, Ingrid van Bergen, Fred Kraus, Ludwig Linkmann.

Bibliographie

Albers, Hans: *Die schönsten Jahre meines Lebens.* Neue Illustrierte, Köln.
Cadenbach, Joachim: *Hans Albers.* Rowohlt Taschenbuch Verlag – Rororo, Reinbek bei Hamburg, Oktober 1977.
Filmprogramme, Band 4: *Hans Albers in seinen großen Erfolgsfilmen,* zusammengestellt und herausgegeben von Eberhard Mertens, Olms Presse, Hildesheim, New York, 1977.
Spiess, Eberhard: *Hans Albers – Eine Filmographie,* Kommunales Kino. Frankfurt, 1977.
Thieme, Wolf: *Jawoll, meine Herr'n, das Erbe ist gut angelegt.* Funkuhr, Hamburg, November 1976.
Wiese, Eberhard v.: *Hans Albers – In Hamburg, da bin ich zu Haus!* Serie im Hamburger Abendblatt, September 1957.

Register